“十三五”国家重点出版物出版规划项目

中国史前遗址博物馆

ZHONGGUO SHIQIAN YIZHI BOWUGUAN YULONGGUXIANG CHAHAI JUAN

丛书主编 王仁湘 吴 健 张礼智

本册主编 李井岩

玉龙故乡

查海卷

陕西新华出版传媒集团
陕西科学技术出版社
——西安——

图书在版编目（CIP）数据

玉龙故乡：查海卷 / 李井岩主编 .—西安：陕西科学技术出版社， 2020.9（2021.1 重印）
（中国史前遗址博物馆）
ISBN 978-7-5369-7743-3

Ⅰ.①玉... Ⅱ.①李... Ⅲ.①新石器时代文化—文化遗址—研究—阜新 Ⅳ.①K878.04

中国版本图书馆 CIP 数据核字（2020）第 070342 号

中国史前遗址博物馆 玉龙故乡 查海卷

李井岩 主编

出 版 人 崔 斌
策划编辑 李 栋
责任编辑 赵文欣
责任校对 赵爱玲
封面设计 曾 珂
监 制 张一骏

出版者 陕西新华出版传媒集团 陕西科学技术出版社
西安市曲江新区登高路 1388 号陕西新华出版传媒产业大厦 B 座
电话（029）81205187 传真（029）81205155 邮编 710061
http://www.snstp.com
发行者 陕西新华出版传媒集团 陕西科学技术出版社
电话（029）81205180 81206809
印 刷 陕西金和印务有限公司
规 格 889mm×1194mm 16 开
印 张 10.25
字 数 183 千
版 次 2020 年 9 月第 1 版
印 次 2021 年 1 月第 2 次印刷
书 号 ISBN 978-7-5369-7743-3
定 价 138.00 元

序

文物是人类在历史发展过程中遗留下来的遗物、遗迹。它是人类宝贵的历史文化遗产，是反映各个历史时期、不同地域人们的生产和生活，包括衣食住行、婚丧嫁娶、祈福祭祀、与外界的互动，乃至内心活动等物质和精神生活的表现，在制造和使用的当时起着活生生的作用，但是一旦埋入地下便成了一件件死物。在地下沉寂若干岁月后，这些文物一旦被人们发现，再经考古工作者发掘、整理和研究，便立刻恢复生机，生动地展现其活生生的一面，帮助人们了解其被制造和使用的情况、当时的社会和自然环境，以及人们的社会生活、日常起居等方方面面的鲜活细节。将若干有联系的遗址的文物联系起来，就能复原各种文化现象的起源、发展、变化、转型、交流乃至消亡的过程和其中的历史规律。文物便发扬出“人气”，起到了“由物到人”的作用。但是，此时文物的作用范围还局限于学术圈内，影响有限。

文物一旦作为展品通过博物馆进入观众的视野，其影响面便得以扩大，通过说明词和讲解员的生动讲述，一件件文物所体现的历史内涵组成一幅幅生动的历史画面，增长观众的知识，启迪有心人的思想，对他们为人处世的态度和原则，乃至人生观和世界观的形成就会起到或大或小的作用，此时的文物更显得生机盎然，其对现实社会的重要性更加得以凸显。

现今，我国大多数人们生活小康乃至富裕，有条件参观许多博物馆，但是毕竟很难在短时间内遍历众多遗址。中国博物馆协会史前遗址博物馆专业委员会组织编写的《中国史前遗址博物馆》丛书，汇集了全国诸多重要史前遗址博物馆丰富的馆藏资料，用通俗易懂的文字，将各遗址的发现、发掘过程，各博物馆的历史沿革和发展历程娓娓道来，还将各遗址的遗迹和出土文物以及其他展品以图文并茂的方式生动地还原出来，以展现我国先民的物质生活和精神生活，引领读者走进尘封已久的岁月，感受我中华文化的深厚。

值此丛书即将付梓之时，西安半坡博物馆张礼智馆长嘱我为之作序。我虽俗务缠身，不能遍读样稿，但希望、也相信本丛书能帮助众多文物为更广大的人民大众展现它们的活力，有益于提高人民大众的家国情怀、文化自信，使其建立唯物主义的历史观和世界观，故勉力作序如上，供读者参考。

中国科学院院士　吴新智

2018年1月3日

陪你穿越到史前

人类的历史，可以分作史前史和文明史两个阶段。文明史并不难理解，它是人类有确切记载的历史。很多人也许并不很了解史前史的概念，史前的要义是指文明史之前的人类历史，是没有记载的远古历史，从人类诞生起，到有记述的历史止，便是史前史。

曾经有人将地球的45亿年的历史压缩成1天，计算出晚上11点时，恐龙慢悠悠地登上舞台，支配世界也只有半个多小时。午夜前20分钟，哺乳动物的时代开启，人类在午夜前1分钟出现，而文明史不过是几秒钟的时长而已。我们要说的史前史，也就是那么1分钟。

文明起源在时间上最早不过8000年前，这只占人类史的1%都不到，如果将人类起源后的300万年全史压缩成1天，也就差不多是2分多钟。而且，关于人类起源的历史上限还在往前提，这个2分多钟的文明史基本可以忽略不计。那么，整个300多万年甚至更长的史前史，经历了一个怎样的发展过程呢？

这个过程经历了——

人类诞生与进化，从猿到人，经历猿人类、原始人类、智人类、现代人类4个进化阶段。

人类社会产生与发展，由婚姻组成家庭，由氏族社会进入等级社会。

人类发明了用火和造火技术，由吃生食转变到吃熟食。

逐渐掌握制作工具技术，经历了旧石器时代和新石器时代。

发明农业种植和家畜饲养业，从采集游猎经济转入农业和畜牧经济。

发明建筑技术，由自然洞穴居所进入人工建筑居所，由时常迁徙进入定居生活。

因血缘氏族形成聚落，又因部落联盟筑城而居。城邑居民因生业出现分工，因贫富形成等级，因社会复杂化导致邦国建立，千城星罗，万邦林立。

逐渐形成埋葬死者的墓葬制度，信仰祖先神崇拜，这是史前造神运动的开始。

发明制陶技术，提升了烹调水准。发明煮盐，有了基本的调味品，促进了体格健康。发明酿酒技术，主要用于祭祀仪式。

艺术由萌芽到发展，刻画和雕塑艺术渐趋成熟，彩陶奠定了史前至历史时期的艺术传统，这是由造神运动掀起的艺术浪潮。

琢玉由装饰器转向礼器制作，将造神运动推向又一个高潮，这是东方独有的文化传统。

中心城邑出现，宏大的治水工程见诸实施，建构起初级国家管理机构。

最后，人类终于走出混沌，文明诞生，王权与神权结合，国家出现。

我们所知的中国史前时代，也许只是大略知道旧石器时代和新石器时代，不知道还有这样丰富的内容，不知道还有如此久远的历史。

如此久远的年代，我们如何了解它？

古代的先贤，也曾考究过这古老而漫长的时代，并留下了一些神话与传说，三皇，五帝，便是那个传说时代的主人。对于史前更多的细节，那时代真实的面貌，他们不可能有真切的了解。

我们当然不能总是陶醉在传说时代，内心希望有真凭实据来说话。

现在我们不必着急了，有考古学家做向导，他们可以带我们穿越到史前。我们可以直接进入智人居住过的洞穴，可以直接进入新石器时代居民的废墟，可以发现史前真实存在过的许多场景与细节。

虽然年代如此久远，但那也是一个看得见摸得着的时代。考古学家通过考古发掘，发现了一个个史前遗址，那是史前先民生活过的地方。这遗址上保存着先民的创造，石器陶器依然那样精致。大大小小的茅屋，深深浅浅的火塘，似乎还有袅袅飘起的炊烟。排列整齐的墓穴，各种各样的随葬品，似乎隆重的葬仪刚刚结束。在遗址里我们可以发现史前人的所作所为、所思所想，甚至还可以从他们留下来的艺术品中，揣摩先祖们当初的情怀与梦想，还有对宇宙的观察与理解。

考古学家将丰富的史前文化遗存揭示出来，将一些重要的遗址保护起来，兴建遗址博物馆向公众展示这些发现，兴建遗址公园供公众访古游览。在中国，目前这样的博物馆已经建起 20 多座，数量还在逐年增加。

这些史前遗址博物馆各有特色，有旧石器和新石器的时代区别，也有南北地域的不同。有的是城址，有的是大型居址，也有的是墓地。在建设遗址博物馆的同时，有的还建成了国家考古遗址公园。

例如属于旧石器时代及古人类遗址的博物馆，有北京周口店北京人遗址博物馆、南京直立人遗址博物馆，还有柳州白莲洞洞穴科学博物馆。

属于新石器时代仰韶文化的博物馆，有陕西西安半坡博物馆、宝鸡北首岭博物馆、河南渑池仰韶文化博物馆和郑州大河村遗址博物馆。

东北区域有辽宁沈阳新乐遗址博物馆、阜新市查海遗址博物馆、凌源牛河梁红山文化遗址博物馆、内蒙古敖汉旗红山文化博物馆。

各地属于新石器早中期的遗址博物馆有广西桂林甑皮岩遗址博物馆、浙江萧山跨湖桥遗址博物馆、余姚市河姆渡遗址博物馆和甘肃秦安大地湾遗址博物馆。

属于新石器时代晚期的遗址博物馆有杭州良渚博物院、济南城子崖遗址博物馆、青海乐都柳湾彩陶博物馆、民和喇家遗址博物馆和福建昙石山遗址博物馆。

这样多的史前遗址，这样多的遗址博物馆与遗址公园，对于大多数人来说，都走上一遍是不太可能的。但是，我们现在有了这样一套《中国史前遗址博物馆》丛书，便可以弥补这个缺憾：你暂时走不到的博物馆，在丛书中可以读到；你也可以先由丛书寻找出你感兴趣的博物馆，有目标、有选择地去参观游览。

这套丛书的编写和出版，充分考虑到读者的需求，资料科学可靠，文字比较平实，印制也很精美。这套丛书，一册就是一位导游，也是极好的导览。或者可以说，这套丛书就是一张张请柬，就是一个个约定，邀你一起穿越到久远的史前，去探访先人居住过的地方，去历史长河的源头观赏一道道神秘的风景。

每走进一座史前遗址博物馆，相信你都会有不一样的收获。每一座博物馆，都有不一样的风景。当你从一座座史前遗址博物馆出来时，一定会对过去了然于胸，对现在信心倍增，对未来有更多期待。

就这样约定了，让我们一起走进史前遗址博物馆，去见识那久远的岁月，去会一会史前先民。

中国社会科学院考古研究所研究员　王仁湘

2018 年春节于北京

玉龙故乡·查海卷

查海遗址位于辽宁省阜新市阜蒙县沙拉镇查海村西南约 2.5 千米的台地上，1982 年第二次全国文物普查时被发现。查海遗址现存面积约 12500 多平方米，1986 ～ 1994 年先后进行了 7 次考古发掘，发掘面积达 7800 余平方米，揭露房址 55 座，还有龙形堆石、墓葬、祭坑等遗迹，出土了大量的石器、陶器、玉器以及动物遗骨和植物碳化物等，经碳十四测定并加树轮校正，年代距今约 8000 年，是我国北方辽河流域目前发现的年代最早、保存最完整、文化内涵最丰富的一处新石器时代早期人类聚落遗址。

查海遗址所揭露的丰富遗迹和大量的遗物表明，查海人过着稳定的农耕定居生活，他们不仅能识别、加工、使用玉器，还佩戴和随葬玉器，这些玉器是迄今为止发现的世界上人类加工、使用过的最早的真玉器，被称为“世界第一真玉”。查海人将自己崇拜的龙图腾形象塑在陶器上，还在聚落中间用石块摆塑出来，这是目前我国考古发现的形体最大的龙形象，堪称“中华第一龙”。所以说，查海遗址具有极高的历史和文化价值，是我国博大精深的玉文化和龙文化的渊源地，被称为“玉・龙故乡”。

查海遗址蕴含着丰富的传统文化精髓，是祖先留下的宝贵文化遗产，更是民族优秀文化的象征与见证。按照时代的新要求，善于继承查海文化才能发展，在继承发展中才能创新，才能促进查海文化的创造性转化和创新性发展，把富有文化魅力、具有时代价值的查海文化弘扬起来，使博物馆里的文物和遗址都活起来，更好地满足人民精神文化生活的新需要。查海遗址不仅是中华民族的骄傲，更是世界华人的自豪，对查海文化共识和文化自信的深入研究，可使查海遗址成为全球华人向往的圣地，寻根觅祖龙故里，感知酬德玉文化。

本书是介绍和宣传查海遗址的科普读物，以图文形式，通俗地集知识性、趣味性和鉴赏性于一体，全面、系统、科学、严谨地解读与展现查海重要考古发现和其博大精深的文化内涵。让读者感受远古文明，传承查海文化，分享研究成果，是我们编写本书的初衷和原动力。

阜新查海遗址博物馆　李井岩

2019年10月20日

目　　录

contents

第一章

寻根查海 万年古村

查海遗址于1982年第二次全国文物普查时被发现，现存面积12500多平方米。从1986至1994年，先后发掘了7次，已发掘面积近7800平方米，发现了房址、窖穴、祭祀坑、龙形堆石等遗迹，出土了大量的陶器、石器、玉器、动物遗骨和植物碳化物等，经碳十四测定，距今约8000年，是目前我国北方辽河流域发现的年代较早、保存完整、文化内涵丰富的一处新石器时代古人类聚落遗址。

宜居家园 查海遗址区位优势

查海是先民选择的一个得天独厚宜居的风水宝地，从生态环境、部落安全、生活便利舒适度等条件来看，遗址位于坡度较缓的向阳台地上，免受雨水洪涝灾害，又易于抵御外族和野兽侵扰，舒适安全；遗址两侧各有河流经过，下方紧邻一处终年涌流不断、水量充沛、现今被称为“玉龙泉”的天然泉水，确保了生产和生活用水；遗址附近植被茂盛，动植物资源丰富，食物资源充足；沙质土壤适合种植谷物；查海时代植被茂盛，草木葱茏，顺着部落两边河流和山谷出行便利。查海遗址区位优势明显，既利于查海文化的成长，又利于查海文化的传播，先民这种“查海智慧”开启了辽河文明之源。

查海遗址全景

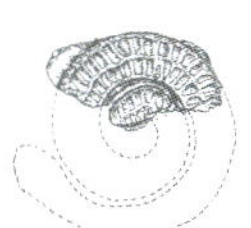

重要的位置

查海遗址位于辽宁省阜新市阜新蒙古族自治县沙拉镇查海村西南约 2.5 千米的向阳扇面台地上，西距阜新市区约 25 千米。查海遗址处在内蒙古高原和辽河平原中间过渡地带，是辽河重要支流绕阳河的发源地，系丘陵地区，地势西北高、东南低。由查海遗址南下可直达环渤海沿线的华北、华东、华南及中原地区；北依内蒙古自治区广袤大地；向东可达松花江流域、下辽河流域的辽东和辽南沿海地区；西可达朝阳、赤峰等大凌河和西辽河流域，是辽河流域一处重要的新石器时代遗址。

"查海"一词是蒙语"察哈尔"的转音。查海村是阜新蒙古族自治县沙拉镇的一个行政村，辖查海、北五和朝力玛营子 3 个自然村，全村人口基本为蒙古族，查海遗址就在查海和朝力玛营子村之间。

玉龙泉

玉龙泉是在查海遗址被发现之后命名的，位于遗址南侧由西向东大冲沟下方、遗址东坡底部，是一处天然泉水，泉眼直径有十几厘米，水量很大，水质极佳，经修砌保护后，现在成为查海博物馆的饮用水源。

自然环境

查海遗址地处辽河水系绕阳河一支流源地，系丘陵地带，沟壑发育，北边约 2.5 千米为海拔 554.5 米的山峰——察哈尔山。查海遗址坐落在一漫丘南坡扇面台地上，海拔 297 米，地势北高南低、西高东低，平坦开阔，北侧由西向东为绕阳河支流的狭长河谷，东侧为由北向南连通北部河谷的大沟壑，当地俗称“泉水沟”，四周山峦绵亘，沟壑纵横。查海遗址地面表层地质结构由红砂黏土及裸露的花岗岩与片麻岩风化壳组成，土壤为褐色的风沙土，土质贫瘠，一般厚薄不均，极易造成水土流失。目前，查海遗址整体基本保持着 1994 年最后一次发掘时的原貌，遗址四周很大区域是农田和果树林，远处为荒山，没有历代居民建筑物等人为因素的干扰，原始自然风貌保存完好，能够较好地反映 8000 年前的自然风貌。

人类环境

人类环境分为自然环境和社会环境。

自然环境亦称地理环境，是指环绕于人类周围的自然界。它包括大气、水、土壤、生物和各种矿物资源等，是人类赖以生存和发展的物质基础。

社会环境是指人类在自然环境的基础上，为不断提高物质和精神生活水平，通过长期有计划、有目的的发展，逐步创造和建立起来的人工环境，如城市、农村、工矿区等。社会环境的发展和演替，受自然规律、经济规律以及社会规律的支配和制约，其质量是人类物质文明建设和精神文明建设的标志之一。

从查海遗址向北眺望查海山

古气候环境

查海所在地阜新地区在距今 1.3 亿年左右，植被茂盛，拥有大面积的原始森林，因地质作用，阜新盆地的森林等被埋入地下，经复杂的地质作用而变成煤炭，地壳运动最终将阜新变成了后来的煤电之城。沧海桑田，在距今 6500 万年前后，地质运动造就的阜新盆地已经形成，阜新的山水地貌基本成型。

第四纪冰川寒冷的气候结束后，在距今 9000 ～ 8000 年，中国北方气候进入一个全新世大暖期，即气候温暖湿润时期，平均气温比现在高 1 ～ 3℃。古文明的发展与气候变化密切相关，新石器时代古文化基本上是在全新世高温期中发展起来的。辽河流域的查海文化时代属于中国全新纪大暖期，根据对已经发掘的查海遗址聚落考古资料研究证实，适宜的气候条件和良好的生态环境使查海先民安居乐业，原始农耕经济繁荣发展，创造出了举世瞩目的查海文化。

全新世大暖期：全新世又称冰后期，约从 11700 年前开始，是最年轻的地质年代。通过对古土壤、古湖泊、冰芯、考古等变化研究，全新世以来，气候进入最佳适宜期，当时中国东北等地年均气温比现代要高 2 ～ 3℃，故称之为“中国全新世大暖期”或“仰韶温暖期”。

新石器时代：在考古学上是以使用磨制石器为标志的人类物质文化发展阶段，大约从 1 万多年前开始，结束时间为距今 5000 ～ 2000 多年，人类已经能够制作陶器、纺织，发明了农业和畜牧业，开始了定居生活。

阜新出土的猛犸象化石复原图

在阜新市博物馆大厅里，复原有一具古代猛犸象的化石骨架，表明当时辽西地区气候比现在温暖湿润，古生物资源丰富，这一时期，阜新地区曾经有猛犸象生活过。

古人类环境

我国东北地区古人类活动较早，辽宁朝阳喀左鸽子洞旧石器时代洞穴遗址距今 7 万～ 5 万年，是迄今辽西最早的古人类居住址，具有重要的科学价值。阜新大地很早就已经有人类活动，阜新的乌兰木图山属怒鲁尔虎山余脉，主峰海拔高度 831.4 米，是阜新第一高峰。考古工作者曾在乌兰木图山的一个岩洞内发现了打制的石斧和石球，这是阜新古人类狩猎生活的实物见证。

“中国东北地区农业与定居的起源”研究

2012 ～ 2013 年，吉林大学边疆考古研究中心、辽宁省文物考古研究所和以色列希伯莱大学联合进行的在辽宁省西部阜新地区以“中国东北地区农业与定居的起源”为课题的研究项目，取得了阶段性调查结果：在辽宁阜新地区查海遗址东部开展了区域性田野考古调查，调查范围 104.46 平方千米，共发现了属于小河西、兴隆洼、赵宝沟、红山等新石器时代的采集点达 126 个，调查中确认了部分遗址人工遗物分布密度较高，表现出当时查海遗址附近人类活动已具有一定的强度。

中外调查人员（部分）野外合影
（2012 年春）

查海遗址东部各时代采集点和陶片数量统计表

文化时代	采集点数量	陶片数量	面积（公顷）
小河西	15	288	6.724
兴隆洼	72	1033	32.103
赵宝沟	24	561	12.197
红山	15	324	5.679
夏家店下层	105	2366	60.809
高台山	1101	21442	599.616
凌河	41	843	26.489
合计	1373	26857	743.617

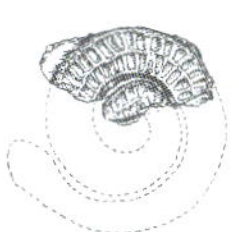

文明发端 查海遗址发现之旅

1982 年，第二次全国文物普查在全国各地紧张有序地进行着。经文物普查，在辽宁省阜新地区共发现新石器时代的各种遗迹 110 多处，其中最重要的是在阜新市发现的查海遗址。

遗址的发现

1982 年，阜新市博物馆原工作人员赵振生同志负责阜新蒙古族自治县沙拉乡的文物普查工作。5 月的一天，赵振生从沙拉乡查海村返回沙拉乡政府，途经查海村西边的一个山沟时，他敏锐地发现西沟的断崖处有很厚的文化层堆积，于是采集了大量带有压印纹饰的陶片。经仔细观察，专业的敏感性使他意识到这是多年来初次见到的特殊陶片，极有可能是一个新的文化类型的发现，他认真地对附近冲沟进行了初步勘察，又采集到 1 枚有肩石铲。就这样，查海遗址在这荒烟蔓草间静静地沉睡了 8000 多年后，终于在 1982 年全国文物普查时被发现。

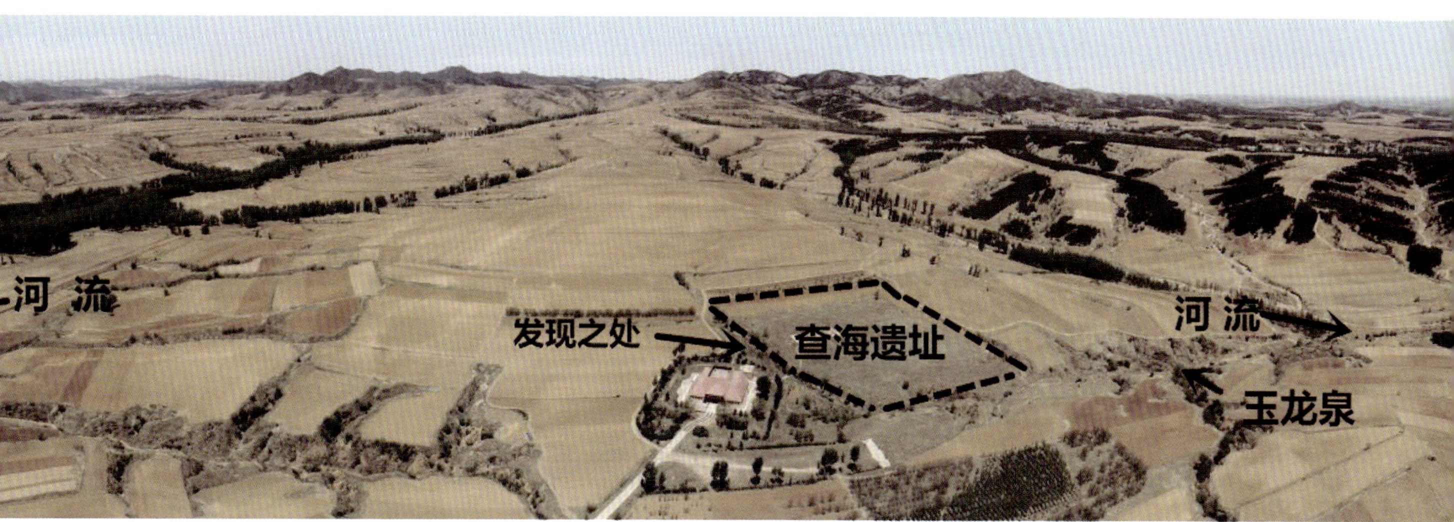

查海遗址发现地

1983 年，辽宁省考古研究所孙守道、马沙和魏凡等专家对查海遗址进行了复查，更进一步地认识到此遗址的深刻内涵和重要地位，提出了“查海是距今 7000 多年前新石器时代聚落遗址”的判断。

遗址的发掘

1985 年 9 月，我国著名考古学家、北京大学教授苏秉琦先生仔细察看了在查海遗址采集的遗物，在研究了采集来的陶片上的压印、刻画纹饰的变化规律后指出：查海遗址的陶器纹饰将可能解决“之”字纹饰的起源问题，查海文化类型当是红山文化主源之一，并提出了“先红山文化”的观点。之后，苏先生明确提出了发掘查海遗址的建议。

“之”字纹陶

在陶器外表面施以连续“之”字形的阴纹纹饰图案（还有学者将其称为“N”形纹），为我国东北地区新石器时代陶器上比较流行的一种纹饰，是东北地区新石器时代文化特征之一。

查海遗址出土的“之”字纹直腹罐

F5:7

夹砂灰褐陶，小喇叭口，尖圆唇，直腹，平底，颈饰横压竖排“之”字纹、附加堆纹带饰网格纹，腹饰竖压横排“之”字纹，口径 30 厘米，底径 17.2 厘米，高 42.4 厘米。

查海遗址发掘后全景

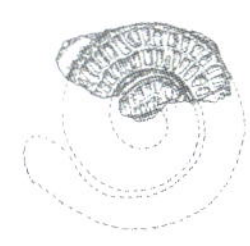

查海遗址的发掘可分为 3 个阶段。

第一阶段

1986 年 7 月 11 ～ 26 日，由辽宁省考古研究所对查海遗址进行了试掘，总发掘面积 180 余平方米，清理出房址 1 座，编号为 F1（F 代表房址，F1 指 1 号房址）。此次试掘出土石器 29 件，主要为石铲、石斧和石球等；陶器 37 件，主要是直腹罐和鼓腹罐。

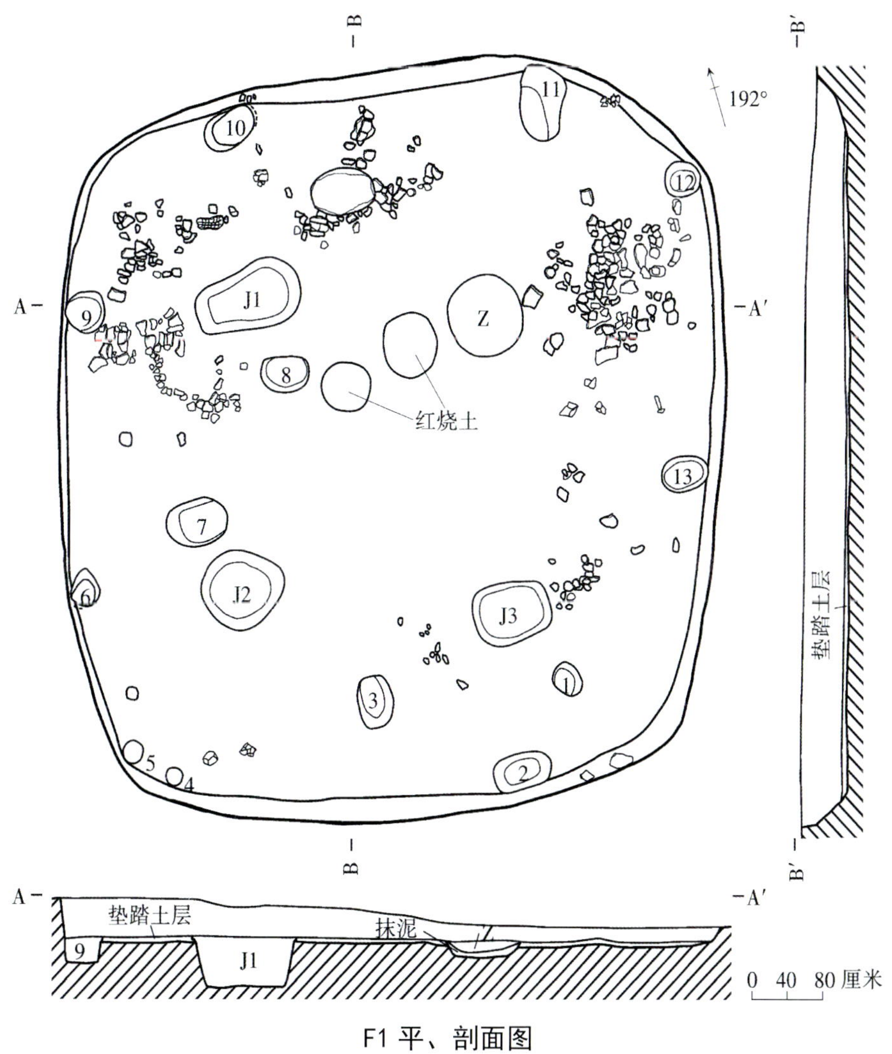

F1 平、剖面图

1 号房址（F1）位于查海遗址南部，面积约 59.28 平方米，是一座中型半地穴式房址。平面呈圆角方形，东西长 7.6 米，南北长 7.8 米，中心垂直深 0.44 米。房址所在位置西高东低，房穴挖凿于黄褐土层及基岩层内，穴壁局部外弧，稍加修整，壁面斜平。居住面为坚硬的黑沙垫踏土，较平整。灶（Z 代表灶址）位于室内中部偏东北，圆形坑式灶，斜壁平底，经火烧呈暗红色。室内有 3 个窖穴，编号为 J1、J2、J3。整个房址内共有 13 个大小不同、深浅不一的柱洞，有圆形和椭圆形，圆底或平底，皆凿于基岩内。室内出土遗物有陶器、石器及马科颌骨残块，主要分布于室内四周，陶器主要集中在东北角和西北角。

第一阶段发掘的意义：认识到查海遗址文化内涵是以石器和陶器为主，加深了对查海遗存的了解和认识。查海遗址年代虽然很早，却具有相当的进步性；查海类型遗存应是红山文化的前身和西辽河流域“之”字纹陶的发源地，查海遗址的发掘使西辽河流域新石器时代考古编年日趋明朗化。经过对 F1 出土的木炭的进行碳十四测定，确定年代为距今 6925 ± 95 年，为我国东北地区新石器时代较早阶段的研究增加了新资料。

第二阶段

1987 年、1988 年和 1990 年，辽宁省文物考古研究所对查海遗址进行了 3 次正式发掘。发掘清理出 13 座房址（编号为 F1 ～ F13，包括 1986 年发掘的 1 座房址）、7 个灰坑（编号为 H1 ～ H7）、3 个陶器堆（编号为 D1 ～ D3）、3 座居室墓（编号为 F7M、F16M、F18M），同时还出土了大量的石器、陶器和玉器等遗物。

第二阶段发掘的意义：

1. 确定了遗址南缘界限和聚落房址皆为半地穴式，排列密集有序，方向大体一致。

2. 从类型学角度，认识到这一文化内涵中陶器器型、纹饰特征具有演变关系。

3. 发现了迄今为止全世界考古发掘发现的人类识别、制作、使用最早的真玉器。

4. 在 1990 年的发掘中，出土了龙纹陶片，同时在 7 号房址居室墓出土 6 件玉匕。

5. 经对新采集的木炭标本的进行碳十四测定，最终确定年代为距今 7360 ± 150 年。

1992 年发掘现场

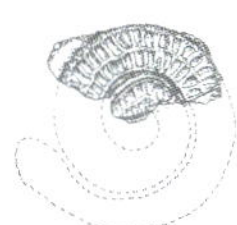

第三阶段

1992年、1993年和1994年，辽宁省考古研究所对查海遗址又进行了3次发掘。发掘的遗迹主要有房址42座、窖穴（不包括室内窖穴）与灰坑34个、室内墓葬4座、聚落居住区中心墓地1处（包括墓葬10座）和大型“龙形堆石”1处。查海遗址出土了大批石器、陶器和玉器等珍贵文物，尤其是饰有“蟾蜍”和“蛇衔蟾蜍”图案的陶罐和令人瞩目的龙形堆石。

第三阶段发掘的意义：

1. 出土了以素面陶为主的房址（前几次发掘未见），这些新的考古资料，为研究查海文化内涵和分期提供了重要的依据。

2. 明确了查海聚落布局特征，明确了查海文化特征，了解了查海遗址经济形态及社会性质。

3. 通过对玉器出土位置和地点的分析，明确了查海玉器的用途及意义。

4. 通过发掘可知，查海遗址的发展演变更具完整性，是一处保存较好、内涵十分丰富、延续时间很长的聚落址。

查海遗址现存12500多平方米，从1986～1994年先后发掘了7次，已发掘面积7800多平方米，出土了大量的陶器、石器、玉器、动物遗骨、植物碳化物、房址、窖穴、墓葬、

1993年发掘现场

1994 年发掘现场　　F30 陶器出土情况

祭祀坑、龙形堆石等遗存和遗迹，是典型的中心聚落遗址，文化内涵丰富。目前，查海聚落遗址虽未全部揭露，但经过这 7 次不同规模的发掘，陆续搞清了该聚落的布局、内部结构和文化内涵。依据遗址中具有分期意义的房址之间的打破、叠压关系以及陶器的演变规律，将查海遗存年代划分为早、中、晚 3 期。查海遗址大量的中心聚落考古资料证实，8000 年查海文化是辽河流域文明重要的起源地之一。

2012 年，文物出版社出版了由辽宁省文物考古研究所编著的《查海——新石器时代聚落遗址发掘报告》。该报告系统地将 1986 ～ 1994 年查海遗址的发掘成果做以整理，将考古所获遗迹、遗物及研究成果分为上、中、下 3 卷，总计 8 章 24 节。《查海——新石器时代聚落遗址发掘报告》是对查海遗址 7 次发掘资料的全面准确整理，并对发掘资料进行了分析，是研究查海文化的重要考古学资料。

《查海——新石器时代聚落遗址发掘报告》

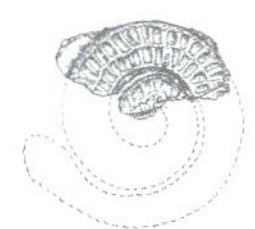

遗址分期与年代

遗址的分期

查海遗址属于我国北方辽河流域一处典型的新石器时代聚落遗址，8000年来，遗址没受到外来的扰乱，房址、窖穴等各种遗迹都保存完好，出土了石器、陶器等大量的生产和生活遗物。按照房址的叠压层次、陶器纹饰等，根据房址之间的相互打破关系、房址内堆积层与活动面之间的相互叠压关系所含陶器特征分析，将聚落房址划分为早、中、晚3期：早期5座，中期15座，晚期35座。

查海聚落早期房址主要集中在居住区的西北部，中部也有零星发现。中期房址主要集中在居住区的中部，并发现有二期房址打破一期房址的现象。晚期房址主要集中在东南部，并发现有三期房址打破二期房址的现象。以上这些现象说明，查海聚落的形成最早是从西北向东南随着慢坡台地逐渐扩大完善的，大体经过了3个发展阶段，经过7次发掘，已经理清了聚落房址的分期情况。

遗址的年代

专家通过对查海遗址早期26号房址木炭标本的碳十四年代测定，确定其最远年代距今约7890年，所以称其为8000年查海文化。

通过对查海遗址及其周围考古出土的植物遗存、种子、果实等分析，结果显示，8000年前在查海这块土地上，良好的生态环境和气候条件使查海原始农耕经济已经出现并逐渐繁荣。查海原始农业的发展，反映了人们改造自然的能力与水平，是新石器时代开始的重要标志，反映出人类由适应和依靠自然的攫取性经济进入改造和战胜自然的生产性经济时代。

碳十四年代测定法

又称放射性碳定年法，是一种根据碳十四衰变程度来计算生物标本大概年代的测量方法。生物在生存的时候，体内的放射性同位素碳十四含量大致不变，死后体内的碳十四开始减少，碳十四的半衰期达5730年。人们可通过检测生物遗体的碳十四含量，来估计它的大概年龄，这种方法被称为碳十四年代测定法。

查海文化的分布

查海是辽河流域新石器时代的代表性遗址，所处辽西地区特殊的地理位置使其成为古文化的生长点和交汇带，促进了查海文化的传播，确立了辽河流域与黄河流域新石器时代文化平行展开又相互影响的历史地位，具有独特的地域文化特色。辽河流域新石器时代古人类活动活跃，目前以查海遗址为中心，周边具有代表性的查海文化类型遗址分布广泛。

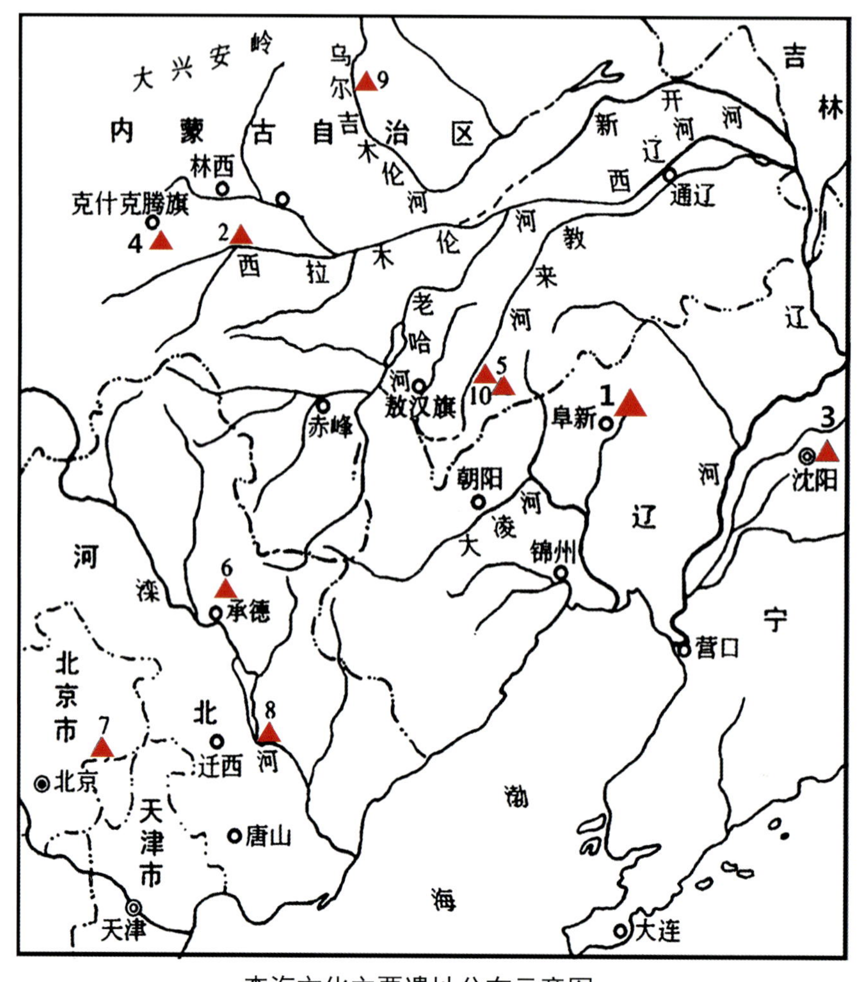

查海文化主要遗址分布示意图

1. 阜新查海 2. 林西白音长汗 3. 沈阳新乐 4. 克什克腾南台子 5. 敖汉旗兴隆洼 6. 承德岔沟门 7. 平谷上宅 8. 迁西东寨 9. 巴林左旗金龟山 10. 敖汉旗兴隆沟

查海文化在西起洵河，东至医巫闾山，北抵乌尔吉木伦河，南迄渤海北岸的广大范围内建起了多个居住点，并在上述地区生存了1200余年。在这广阔的地域内，查海文化的表现并不一致，西拉木伦河的西辽河流域一带始终是其中心地区，在这里，该文化从早到晚有着完整的发展序列，遗址分布得也较为密集。东面的松花江流域、南面的辽西走廊、西南面的滦河和潮白河流域则有着各自一些特点分布的查海文化类型遗址。

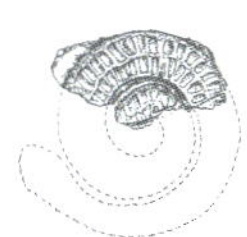

苏秉琦与查海遗址

苏秉琦（1909～1997）是我国现代考古学的泰斗，中国考古事业的奠基人和开拓者，他在考古理论研究和大量实践中，创立了许多考古学上具有指导意义的学说和考古学基础理论。苏秉琦先生非常重视查海遗址的发现，他指出查海文化类型当是红山文化主源之一，提出了查海是“先红山文化”的学术观点。

建议查海遗址发掘

1985 年 10 月，苏秉琦先生在研究了查海陶片上的压印、刻画纹饰的演变规律后，敏感地意识到这是一个非常重要的发现，他充满激情地预言查海遗址的陶器纹饰将可能解决“之”字纹饰的起源问题，并指出查海文化类型当是红山文化主源之一，提出了“先红山文化”的观点。辽河文明随着红山文化等一系列重大考古发现已经被人们认识，红山文化的源流则成为研究的重点问题之一。苏秉琦先生关于查海遗址是“先红山文化”这一观点的提出，明确了查海遗址的文化属性，是红山文化的源头，回答了红山文化的来源问题，也就解决了辽河文明的起源问题，让人们进一步认识到查海遗址的重要性，更为查海遗址下一步工作指明了方向。

谈查海文化内涵

1991 年 8 月，苏秉琦认真查看、鉴定了查海遗址出土的龙纹陶片、玉器、石器和陶器，对查海遗址的文化内涵及这一考古发现的重大意义做了高度评价。他的谈话明确了查海今后的工作方向和工作重点，对查海遗址以后长期的发展起到了高瞻远瞩的作用。苏秉琦先生就阜新保护、利用好查海遗址，办好玉龙文化节，深入研究好查海文化内涵等问题，高屋建瓴地谈了几个方面：

1. 重视查海遗址，突出本土文化特色，以查海做标志创造城市知名度。

2. 查海玉器都是真玉，说明当时查海先民对玉的认识、鉴别已有相当高的水平，超越了作为工具和装饰品而赋予其社会意义。

3. 红山文化是文明起源问题，七八千年的查海是红山文化的前身，是根系。

4. 农业起源是万年左右时间，查海这地方最重要，农牧业接替渔猎业是从这里开始的，是从这里先走了一步。

5. 查海的“之”字纹是氏族发展、繁荣的标志，中华文明是北方先迈了一步，查海七八千年的玉器就是证明。

6. 查海的玉器解决了 3 个问题，一是对玉的认识，二是对玉的加工，三是对玉的专用。把对玉的认识物化到对人的关系和道德关系上了，是文明起步。

苏秉琦谈查海文化

为查海遗址题词

1991 年 8 月 21 日上午，苏秉琦先生针对查海遗址距今约 8000 年的历史，丰富的文化内涵，出土了中华第一龙和世界第一真玉，接受了辽宁一行人为阜新市首届玉龙文化节题词的请求，欣然为查海遗址题词：“玉龙故乡，文明发端。”

因为苏秉琦先生为查海遗址含义深刻的这 8 字题词，阜新得到了“玉龙故乡”的美誉，

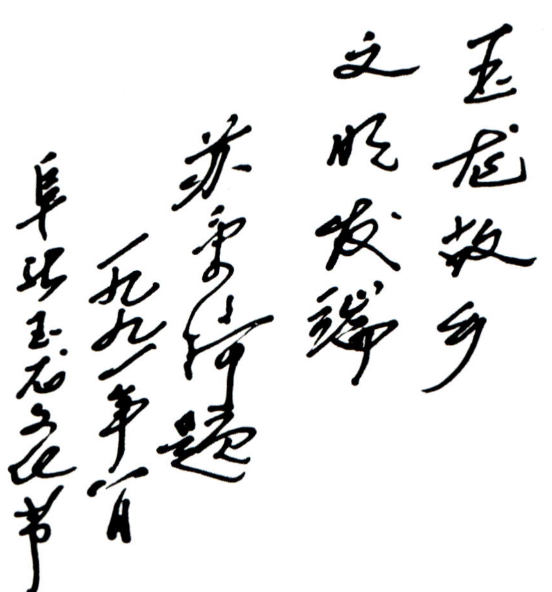

不仅是对阜新源远流长的 8000 年查海文化的肯定，还是对查海文化博大精深玉和龙文化内涵的高度概括，更是对查海文化在辽河文明乃至中华文明起源中重要地位的高度评价，明确了内涵深刻的查海文化在中华文明起源中的发端地位和作用。

第二章

定居查海

聚落繁荣

8000年前的查海人建造半地穴式房屋，重视丧葬，使用石器、玉器和陶器等各种精心制作的生活用具，他们打磨的石制生产工具促使人类由依赖自然的采集渔猎经济跃进改造自然的农业生产性经济，原始农耕经济出现并逐渐繁荣。聚族而居的村落加速了查海社会文明进程，出现分工，社会开始分化，查海先民们在营建的聚落里开启了辽河文明之源。

春华秋实 查海聚落的繁荣

查海遗址聚落居住区面积12500多平方米，从发掘所揭露的遗迹现象看，外围挖

查海聚落平面图

编号说明：F为房址；M为墓葬；H为灰坑（窖穴）；D为陶器堆；G为壕沟。

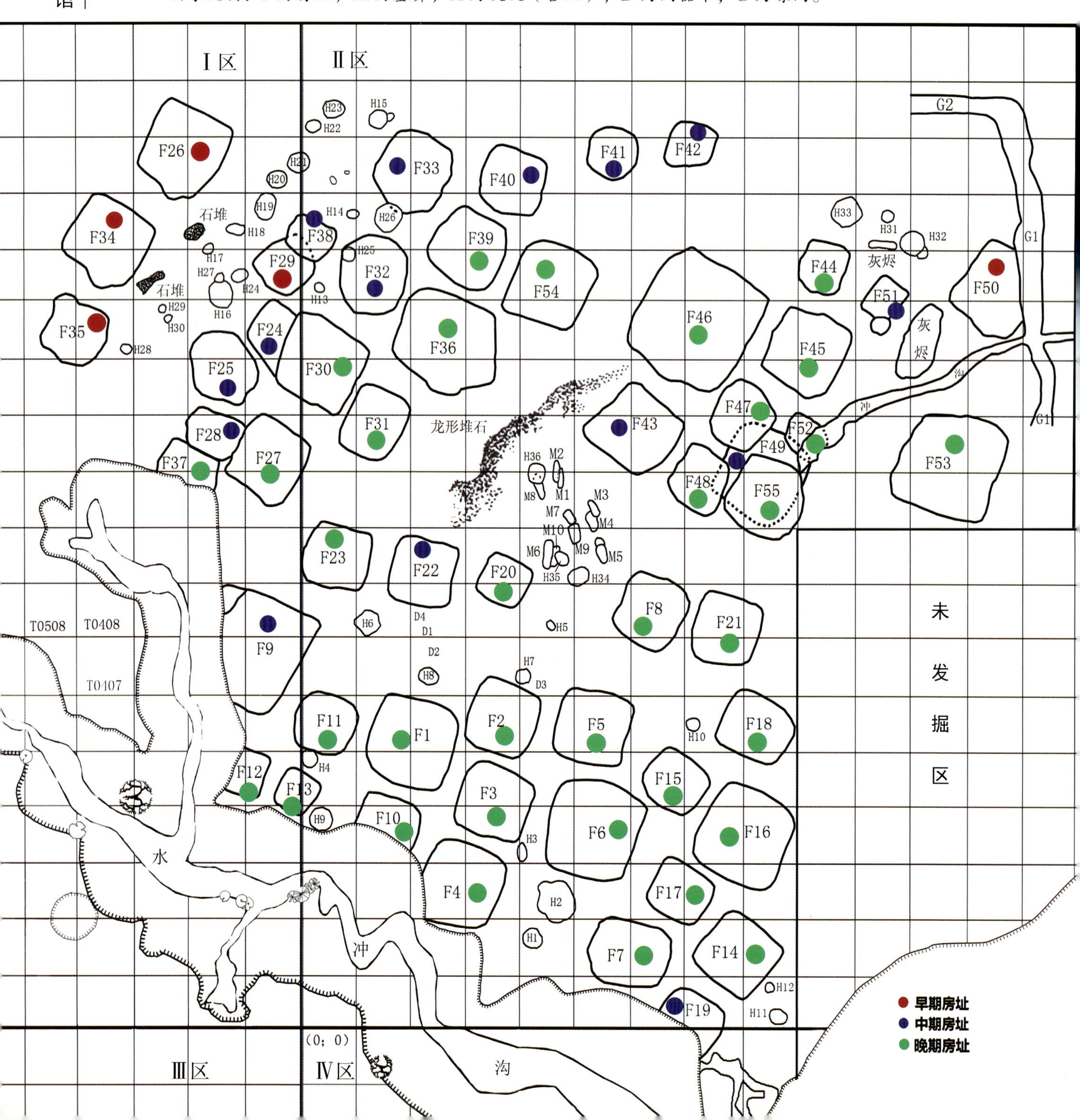

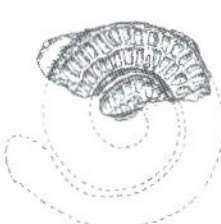

有壕沟，中心为龙形堆石，居住区内房址排列十分密集，已揭露的55座房址基本东西成排、南北成行。在房址附近一般都建造有储藏食物的窖穴，有些窖穴成排分布在房址的一侧，有些则零散分布在房址的旁边。查海聚落中心为一片精心选址的墓地，其北方摆塑有一条长19.7米的龙形堆石，南北两侧各有1座特大型房址F9和F46，与周围房址相比，绝非一般性质居室，应是聚落中最高层次者居住的地方或是聚会议事的公共场所。从查海遗址出土的大量遗物和各种遗迹可知，这里是一处大型中心聚落遗址，这种较完善的聚落形态，反映出查海在原始经济形态、意识形态和社会性质等方面的发展进步历程。

半地式穴居——查海人住的房子

聚落的居民建筑，是当地居民为适应当地的自然环境和便于从当地取得建筑材料而创造出来的，不仅有明显的时代特征，也有显著的地方色彩。查海聚落房址都是半地穴式的，它们之间存在打破关系，可知延续时间较长。小型房址只能居住三四个人的“家庭”，且没有居室窖穴，居室窖穴都出自大、中型房址，可见查海社会已经有了一定的贫富分化。遗址出土的大量遗物和揭露的各种遗迹表明，查海是一处大型中心聚落遗址。

查海聚落的房址

查海遗址历经了7次发掘，清理出房址55座，皆为半地穴式，平面呈圆角方形和圆角长方形两种。有些房址的南面东端向外突出一半圆体，推测为房址的出入口。在这些房址中，有的房址内带有二层台，有的房址挖有室内窖穴，有的房址内有墓葬，居室活动面踏土内含烧灰、红烧土等杂物。房址内一般有两圈柱洞，外圈柱洞沿穴壁挖凿，内圈柱洞挖凿在灶址外围。灶址一般设有1～2个，位于房址正中，其中有的底部用石块和石器铺垫，日常生活所用的陶器、石器等摆放在室内四周。从房址室内分布的柱洞来看，房屋地上部分是用树木野草等建筑材料建成，现早已腐朽成泥不见。

房址按建筑规模分为4类：

小型房址，面积在30平方米以下，共计19座。

中型房址，面积在 30 ～ 60 平方米之间，共计 28 座。

大型房址，面积在 60 ～ 100 平方米之间，共计 6 座。

特大型房址，面积在 100 平方米以上，共计两座，其中 9 号房址面积为 107 平方米，最大的 46 号房址面积为 157.32 平方米。

房址按整体形制类型分为两类：

A 型，圆角方形，共计 20 座；B 型，圆角长方形，共计 35 座。

查海房址分期和规模统计表

分期规模	小型（小于 30 平方米）	中型（30～60 平方米）	大型（60 ～ 100 平方米）	特大型（大于100 平方米）	总计
早期	F29、F35	F26、F34	F50		5 座
中期	F19、F24、F28、F38、F41、F42、F51	F22、F25、F32、F33、F40、F43、F49		F9	15 座
晚期	F11、F12、F13、F15、F17、F20、F44、F47、F48、F52	F1、F2、F3、F4、F5、F7、F8、F10、F14、F18、F21、F23、F27、F31、F37、F39、F45、F54、F55	F6、F16、F30、F36、F53	F46	35 座
总计	19 座	28 座	6 座	2 座	55 座

半地穴式房址的建筑方法

通过发掘可知，查海房址的整体建筑形式可分为地上 (屋顶) 和地下 (地穴) 两部分，从柱洞看上部空间是木架构成，下部空间是取土为穴而成，半地穴式仅是保存下来房屋结构的基础部分。根据发掘资料，查海的半地穴式房子建造首先是在地上挖个土穴，有的南边有个凸出的门道，然后立柱等建成木架，外部覆盖树枝、树叶、柴草等以遮风挡雨。查海这样的半地穴房屋既节省建筑材料，又省时省力，冬暖夏凉，是先民因地制宜、适应自然、改造自然的一种生存智慧。

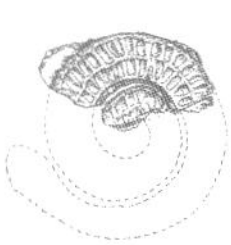

F5 位于遗址东南部，面积约 40.96 平方米，是一座中型半地穴式房址。

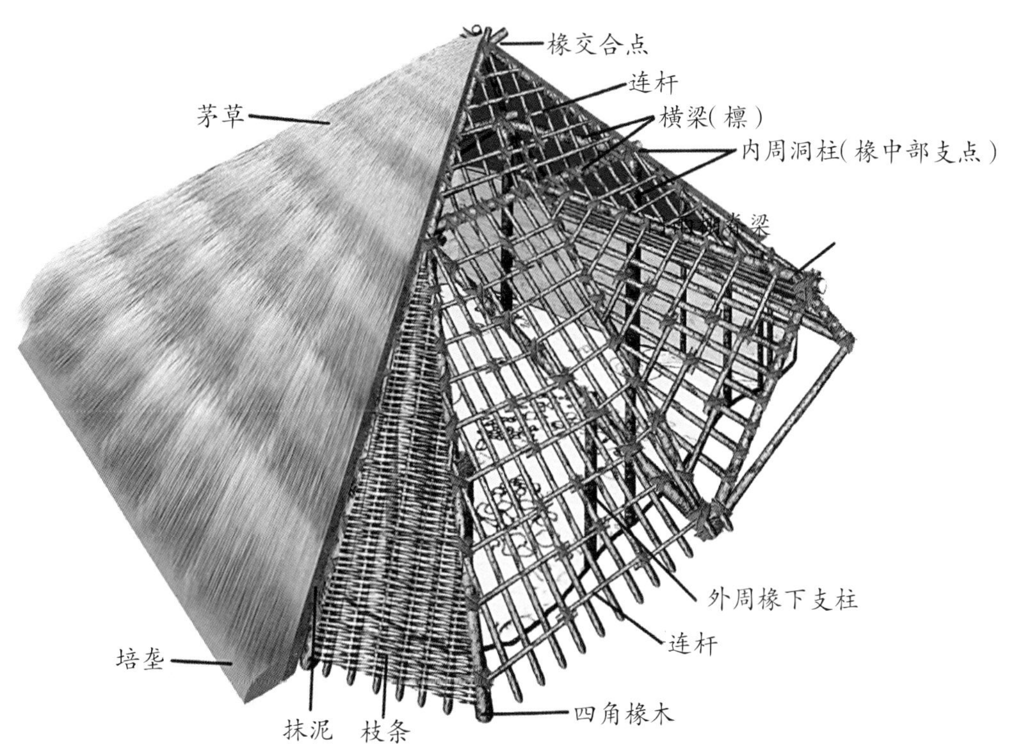

F5 复原想象图

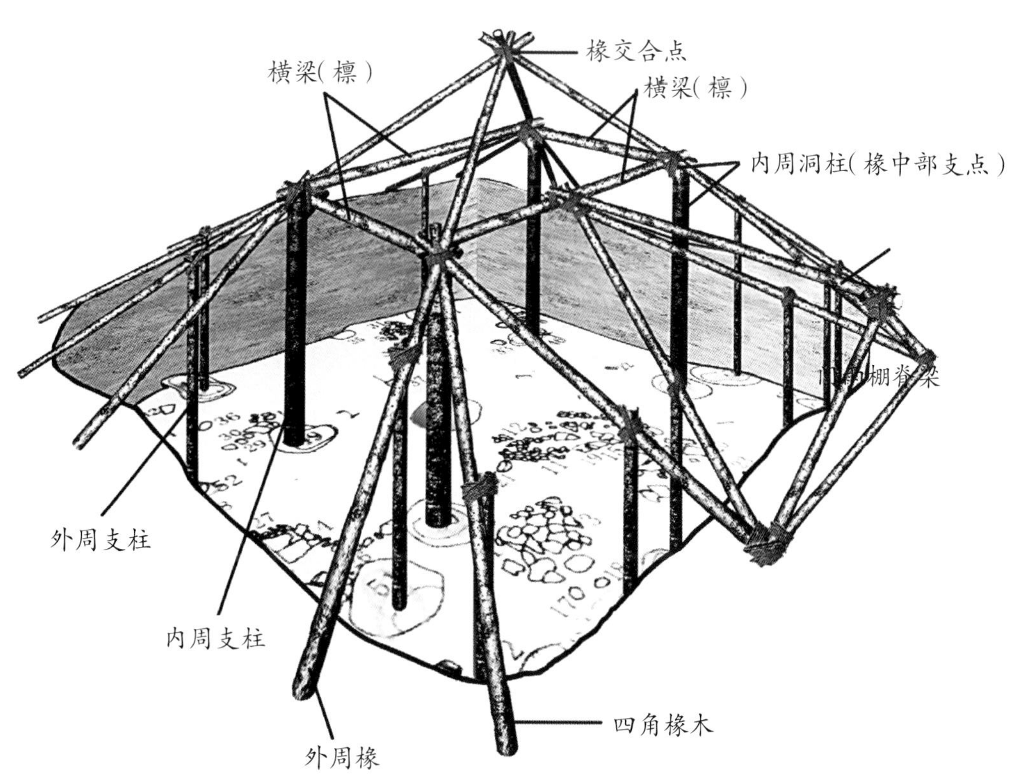

F5 主体结构示意图

半地式穴居

一种掘地为穴的原始建筑和居住方式，由于居室整体的大半或一半在地平线之下，地平线以上尚有与下穴连接的建筑部分，所以称这种居住方式为半地式穴居。

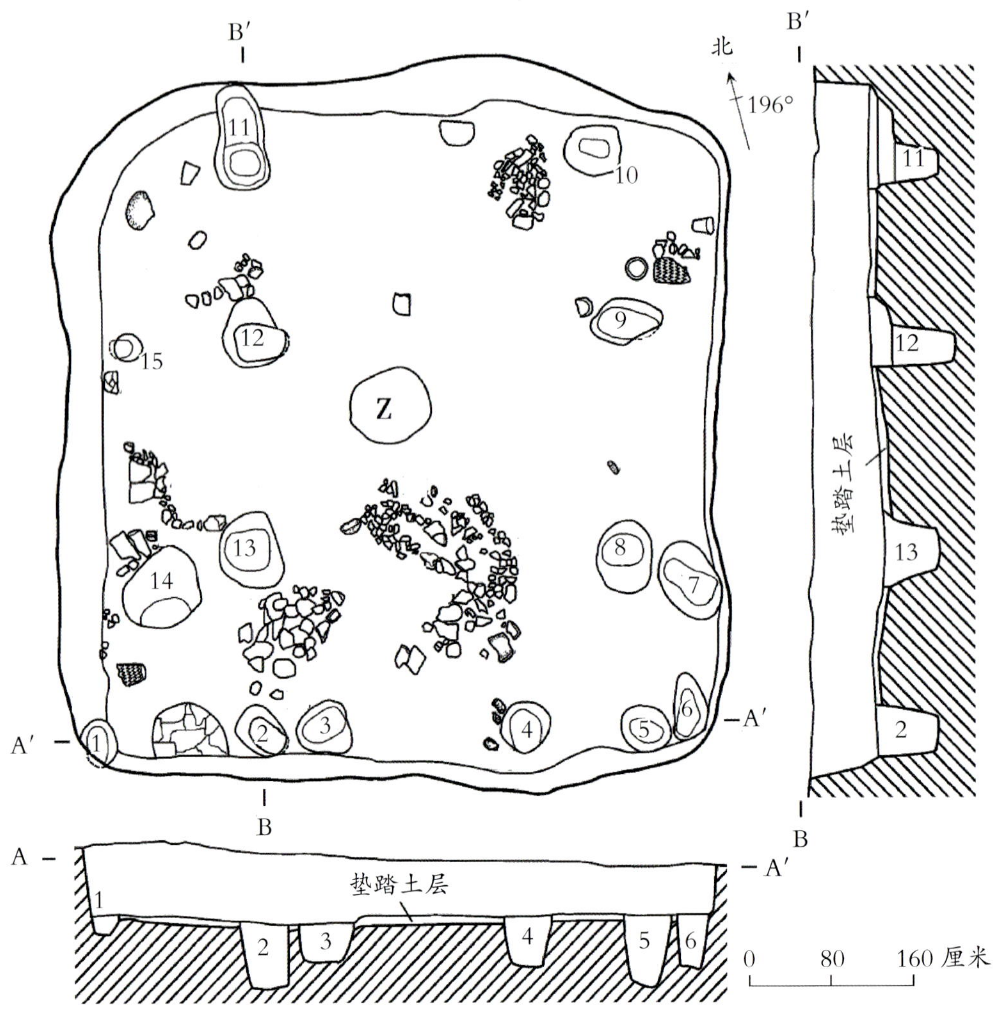

F5 平、剖面图

F5 平面呈圆角方形，东西长 6.4 米，南北宽 6.4 米，中心垂直深 0.8 米。房穴挖凿透过黄土层到基岩层内，壁面修整斜平。东壁较直，其他三侧穴壁局部略外弧。室内居住面较平整，有褐色垫土。中部为圆形灶坑，灶内抹泥经火烧后，灶面坚硬光滑，呈暗红色。房址内外两圈有 15 个柱洞，皆凿于基岩内：外圈柱洞靠近壁穴，总计 11 个，其中西北角 2 个、西南角 4 个、东南角 4 个、东北角 1 个；内圈 4 个柱洞，分布于灶址四角。室内遗物陶器和石器等分布于室内四角。

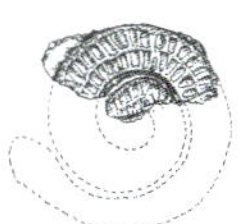

大型房址 F30

F30 是一座晚期大型二层台式半地穴房址，位于遗址西北部，西边打破 F24，圆角方形，东西长 8.6 米，南北宽 8.35 米，中心垂直深度 0.7 米，面积约 71.8 平方米。房址挖凿于黄色生土层及基岩层内，室内有一周不规整的二层台，基岩台面，台壁不规整。值得注意的是，在南侧二层台东南角处有一斜坡台面，推测为房址出入踏台。在房址室内共发现内外两周柱洞 39 个。两周柱洞参差不齐、大小不同、深浅不一，推测这些柱洞肯定有主、辅之分。室内遗物丰富，主要分布在台下西部及北部，其他位置有零星发现。主要遗物有陶器、石器、石料及猪牙、木炭、碳化物等。这座房址的陶器以夹砂灰褐陶为主，夹砂红褐陶次之；纹饰以“之”字纹为主，草划纹、席纹、素面次之。

F30（西北—东南）

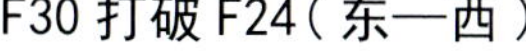

F30 打破 F24（东—西）

晚期房址 F30 叠压在中期房址 F24 上，说明了 F30 的年代晚于 F24 的年代。

F30 灶址

在室内中部南北排列有大、小两个灶址（编号为Z1、Z2），Z1大灶位北，Z2小灶位南，皆为圆形坑穴灶，灶口与活动面平齐，内壁抹泥经火烧呈红色。两灶相距0.04米。Z1外径约0.8米，深0.13米。灶内垫土为黑灰色，垫土与灶口平，在灶内偏东侧又用石块平铺一圆形地面式灶，直径0.5米，经火烧呈暗红色。Z1内发现一红褐色夹砂“之”字纹陶罐口沿残片。从Z1迹象分析，灶经改动，原坑灶废弃后又在其上面重新建一石灶。Z2外径约0.32米，深0.08米。一室二灶，两灶又紧靠，推测小灶是用来保留火种的。

F30 大小组合灶（东北—西南）

F30 室内地面遗物

陶器20件。其中，直腹罐13件，直腹罐腹部残片3件，直腹罐罐底2件，鼓腹罐2件。

石器71件。其中，石斧2件，石斧刃部残片1件，石铲4件，双孔盘状石铲1件，石铲刃部残片4件，石铲柄部残片2件，石铲残片4件，研磨器1件，石球1件，大型尖状器1件，磨棒6件，磨盘1件，砺石6件，敲砸器13件，石料24件。

细石器2件。其中，刮削器1件，小尖状器1件。

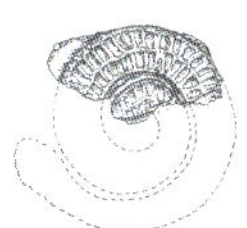

F30 室内堆积层遗物

堆积层遗物包括：陶片 207 片；石器 3 件，其中石斧残块 1 件，石料 2 件；细石器 19 件，其中刮削器 3 件，石核 2 件，石叶 14 件。

F30 出土的陶器

F30 共计出土陶器 20 件。其中直腹罐 13 件，直腹罐腹部残片 3 件，直腹罐罐底 2 件，鼓腹罐 2 件。

直腹罐

标本编号 F30:103，夹砂灰褐陶，厚圆唇，直腹，下腹锔孔 3 对，平底，颈饰弦纹数周，附压锯齿形几何纹，附加堆纹带饰单体曲尺形几何纹，腹饰竖压横排“之”字纹，口径 31 厘米，底径 17 厘米，高 44 厘米。

直腹罐

标本编号 F30:102，夹砂灰褐陶，小喇叭口，薄圆唇，直腹，平底，颈饰不规整弦纹数周，附加堆纹带饰左斜线纹，腹饰竖压横排“之”字纹，近底饰锯齿形几何纹，口径 22.6 厘米，底径 14 厘米，高 29.5 厘米，壁厚 1 厘米。

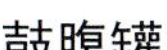

鼓腹罐

标本编号 F30:116，夹砂灰褐陶，撇敞口，圆唇，束颈，弧鼓腹，平底，颈饰梭形几何纹，肩饰左斜线纹 4 周，腹饰“F”形几何纹，横压竖排“之”字纹，口径 24 厘米，底径 17.3 厘米，高 35.5 厘米。

F30出土的石器

F30共计出土石器71件。其中石斧2件，石斧刃部残片1件，石铲5件，石铲刃部残片4件，石铲柄部残片2件，石铲残片4件，研磨器1件，石球1件，大型尖状器1件，磨棒6件，磨盘1件，砺石6件，敲砸器13件，石料24件。

石斧

标本编号F30:47，残，灰褐色玄武岩，磨制，扁平体，刃部有使用崩痕，长8.4厘米，宽4.9厘米，厚1.9厘米。

石斧

标本编号F30:49，浅灰色花岗岩磨制，长扁圆体，两侧隐现平棱，弧刃，正锋，刃部有使用崩痕，长15.85厘米，刃宽5.9厘米，厚3厘米。

石铲

标本编号F30:101，稍残，深灰色页岩，打制，直柄，圆身，弧刃厚钝，长16.6厘米，刃宽8.4厘米，厚1.9厘米。

石铲

标本编号F30:50，打制，黄灰色页岩，束腰，扁扇形体，弧刃，有崩疤，长19.5厘米，刃宽14.8厘米，厚1.8厘米。

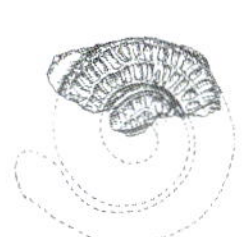

石铲

标本编号 F30:134，黄灰色页岩，打制，扁平体，“凸”字形，束腰，弧刃，刃中部使用呈凹状，长 19.1 厘米，刃宽 23.5 厘米，厚 2.66 厘米。

双孔盘状石铲

标本编号 F30:51，深灰色页岩，打磨，圆盘状，扁平体，对钻双孔，弧刃、侧锋，使用磨痕明显，长 16.4 厘米，刃宽 22.2 厘米，厚 2.25 厘米，孔直径 3.1 厘米。

石铲

标本编号 F30:53，浅灰色石灰岩，打制，扁体，短柄，束腰，斜肩，近方身，直刃，刃部有崩疤，长 17.4 厘米，刃宽 14.45 厘米，厚 2.1 厘米。

石球

标本编号 F30:120，红褐色玄武岩，直径 7.45 ~ 10.5 厘米。

敲砸器

标本编号 F30:128，浅灰色石灰岩，椭圆体，周边敲击点，长 8.9 厘米，宽 6.1 厘米，厚 3.4 厘米。

敲砸器

标本编号 F30:72，黄白色，自然石块，椭圆多棱体，棱边角敲击点，长 9.4 厘米，宽 6.5 厘米，厚 1.97 厘米。

敲砸器

标本编号 F30:131，石英岩，白色，自然石块，圆多棱体，边棱敲击点，长 7.15 厘米，宽 7 厘米，厚 5.2 厘米。

敲砸器

标本编号 F30:58，浅灰色石灰岩，打制，长条体，长 16.65 厘米，宽 5.18 厘米，厚 0.6 ~ 3.6 厘米。

小尖状器

标本编号 F30:133，淡青色沉积岩，磨制，长 2 厘米，宽 0.7 厘米，厚 0.4 厘米。

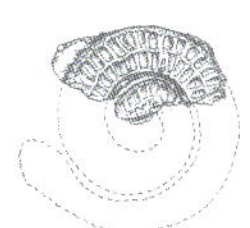

聚落最大的房址 F46

46 号房址位于查海遗址东北部、龙形堆石东北侧，平面呈圆角长方形，半地穴式，南北长 13.8 米，东西宽 11.4 米，垂直深度 0.8 米，面积约 157.32 平方米，是遗址中最大的房子。

F46 主体构架示意图

F46（西北—东南）

46 号房址挖透了黄色生土层，到达了基岩内，穴壁较平直。南壁外凸部分东西长 2.8 米，外凸 0.9 米，从其位置推测，此处可能为房址的出入口。居住面较平整，为黑色垫踏土，土质坚硬。整个房址内共有内外两圈 32 个大小、深浅不一的柱洞。室内中心为圆形坑式灶，灶内周边抹泥，经火烧后为暗红色，灶口与居住面平齐，在灶内发现有两块经火烧后表面呈暗红色的石块。

室内居住面出土的遗物有：陶器 21 件；石器 70 件，主要是石斧、石铲、磨盘、磨棒、砺石等；玉匕和玉凿各 1 件；还有残碎猪骨臼齿、鹿的颌骨臼齿及不明种属骨骼残块。

室内地层出土的遗物有：陶器 22 件，主要是罐类；石器 53 件，主要是石斧、石铲、磨盘、磨棒、石刀；细石器 33 件；玉料 1 块。

F46 号西北角遗物

F46 出土的陶器

F46 共计出土陶器 21 件。其中斜腹罐 1 件，斜腹罐口沿 1 件，小直腹罐 1 件，直腹罐 6 件，直腹罐腹部残片 5 件，直腹罐罐底 6 件，钵 1 件。

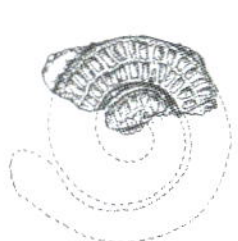

直腹罐

标本编号F46:37，夹砂红褐陶，敞口，厚圆唇，直腹，平底，颈饰弦纹数周，饰窄凸附加堆纹，腹饰草画网格纹，口径21.3厘米，底径14厘米，高32.5厘米。

直腹罐

标本编号F46:38，直口，圆唇，沿部磨平，直腹，平底，颈饰横压竖排“之”字纹，有1对锔孔，腹饰竖压横排“之”字纹，口径19厘米，底径11.2厘米，高23.8厘米。

小直腹罐

标本编号F46:39，夹砂红褐陶，敞口外撇，厚圆唇，直腹，平底，颈饰竖压横排“之”字纹，腹饰横压竖排“之”字纹，口径11.7厘米，底径7.4厘米，高12.5厘米，壁厚0.85厘米。

鼓腹罐

标本编号F46①:19，夹砂红褐陶，微侈口，圆唇，束颈，鼓腹，平底，近口饰左斜线纹，颈饰“F”形几何纹，上腹饰左斜线纹，下腹饰“F”形几何纹，近底饰梭形“几”字纹，口径119厘米，底径7.4厘米，高17.8厘米，壁厚0.7厘米。

F46 出土的石器

F46共计出土石器70件。其中石斧4件，石铲6件，石铲残片4件，磨棒2件，磨盘4件，砺石10件，有窝石器1件，石球2件，敲砸器14件，石料23件。

石斧

标本编号F46:33，深灰色大理石，顶部残断，形体扁平，通体磨制，弧刃，正锋，有崩痕，残长9.91厘米，刃宽8.77厘米，厚2.7厘米。

石斧

标本编号F46①:7，稍残，墨绿色油质页岩，斧身磨光，侧棱及顶部均打制，形体扁平，弧顶，弧刃，正锋，锋刃锐利，长9.57厘米，刃宽7.93厘米，厚1.9厘米。

石斧

标本编号F46:36，灰色石灰岩，打制，形体扁平，长条形，尖顶，弧刃，正锋，有崩痕，长20.66厘米，刃宽6.78厘米，厚3厘米。

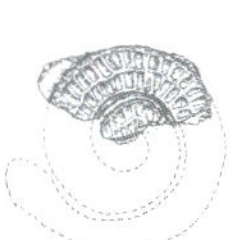

石铲

标本编号 F46:49，浅灰色石灰岩，打制，窄柄宽身，有肩，束腰，弧刃，正锋，长 13 厘米，刃宽 20.5 厘米，厚 1.6 厘米。

石铲

标本编号 F46:121，浅灰色石灰岩，打制，窄柄宽身，有肩，束腰，弧刃，正锋，长 25.45 厘米，刃宽 28.47 厘米，厚 3.7 厘米。

石球

标本编号 F46:104，黄褐色玄武岩，琢制，直径 5 厘米。

小尖状器

标本编号 F46①:47，青灰色，三棱锥状，台面较宽厚，一侧边角锋利，长 1.2 厘米，宽 0.8 厘米，厚 0.35 厘米。

小尖状器

标本编号 F46①:37，青色燧石，四棱锥状，台面较窄，宽面两长边及尖端锋利，长 3 厘米，宽 1.2 厘米，厚 0.6 厘米。

F46 文化内涵

46 号房址还出土了 1 对特大型铲形器，比其他房址出土的石铲大 1 倍，刃部无使用痕迹，不像是一般的生产、生活实用器，其重量也表明不便用于实际生产，很可能是一种礼器。推测这两种器物可能是这个氏族部落中拥有者特殊身份及地位的象征，同时也是用来举行某种宗教仪式使用的特殊器物。前者我们认为很可能与当时的原始农业活动有着密切关系，后者很可能与这个氏族部落的图腾崇拜有着密切关系。总之，这些器物具有神秘的宗教色彩，其寓意是难以理解的。据此推测，46 号房址绝非一般性居室，应是聚落中最高层次者居住的地方或聚会议事的公共场所。大型石铲有可能是用来举行某种仪式时使用的特殊器物，

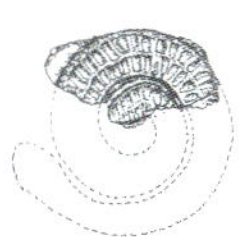

或许是某个人或氏族地位权威的象征，反映出在查海聚落中，氏族社会组织机构肯定有一定性质的具有权威性的氏族部落分层领导体系。

遗址最大一对石铲：皆打制，窄柄宽身，有肩，束腰，弧刃，正锋。

石铲（F46:47）

褐色页岩，柄部残断，弧刃，正锋，残长 13.2 厘米，刃宽 26.8 厘米，厚 1.7 厘米。

石铲（F46:46）

浅灰色石灰岩，长 26.3 厘米，刃宽 34.31 厘米，厚 1.7 厘米。

窖穴——先民最早的储物仓

窖穴储粮或食物等是我国北方新石器时代遗址中出现的一种文化遗迹，是与当时的生产力水平、技术条件、农业发展相适应的储粮实践，一直延续后世数千年。在考古发现时，往往在窖穴内填充有大量灰土，其中夹杂着当时人们废弃的一些生产工具和生活用品，或是废弃后成为倒放垃圾的场所（亦称“灰坑”，以字母“H”表示）；还有的处于墓葬之间，里面会有焚烧物、动物骨头或玉器等，被传统观点称为“祭祀坑”。

窖穴

窖穴是新石器时代遗址中常见的一种文化遗迹，因当时社会制度为原始共产制，所以室外窖穴多为“公共窖穴”，而室内窖穴则是“个体家庭”私人窖穴，也是社会开始分化的表现。窖穴主要用于储藏粮食等食物，有些还用于存放生产工具和生活用具等，成为先民最早的储物仓。

查海聚落遗址窖穴有室外窖穴和室内窖穴两种。室外窖穴共发现 34 个，编号为 H1 ～ H33、H35。在这些室外窖穴中，有一组窖穴集中在居住区的西北部，于两排房址之间南北排列，其他室外窖穴均单独分布在房址之间；还有两个位于中心墓地之中，应为祭祀坑。室内窖穴共发现 23 个，主要分布于房址内四周。

室外窖穴

西北成排的室外窖穴

遗址西北两排房子之间共有 18 个室外窖穴，南北有序地排列，较大窖穴还发现有柱洞、台阶、灶址，穴内堆积土为黑灰色，土质松软，含有少量红烧土块及炭屑。穴内遗物较少，有的无遗物。从窖穴的形制和结构推测，这些窖穴上部应有木架结构，其用途应为储藏食物，少部分废弃后被用作垃圾坑。这里靠近部落边缘，又是部落地势最高的地方，能确保防火和防水，在两排房子之间又保证了安全。

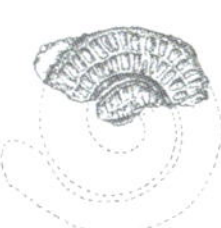

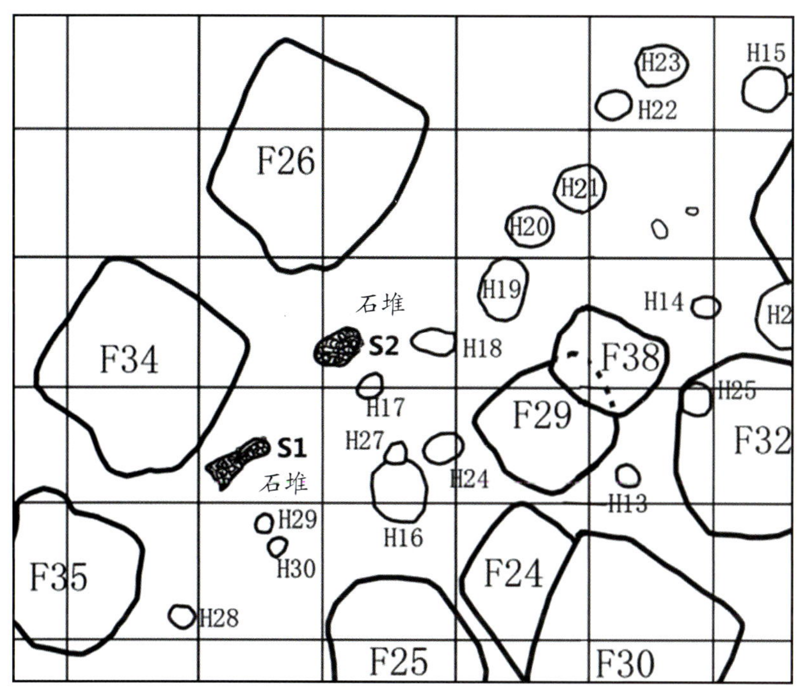

西北成排的室外窖穴平面图

西北成排的室外窖穴

室外窖穴有近圆形、圆形和椭圆形，与房址地穴一样，均挖凿在生黄土层和基岩层内，依口部直径大小划分为大、中、小 3 种类型。窖穴的壁、底均经修整，较为规整。较大窖穴还发现有柱洞、台阶、灶址，有的窖穴一侧穴壁呈半圆状外凸。穴内堆积土为黑灰色，土质松软，含有少量红烧土块及炭屑。穴内遗物较少，有的无遗物。从窖穴的形制和结构推测，这些窖穴上部应有木架结构，其用途应为储藏食物，少部分废弃后被用作垃圾坑。

室外窖穴 H15

位于遗址西北部，挖凿于生黄土及基岩层内，圆形穴室，东侧外凸半圆状。窖穴稍经加工修整，壁面斜平，底部中心略高，外凸部分凿有斜坡状台面，台宽 1.2 米，外凸 0.6 米，台面距口 0.3 米，距底 0.40 米。窖穴口径 1.84 米，底径 1.75 米，穴深 0.7 米，属中型窖穴。穴底清理出 7 个柱洞，近穴壁一周 5 个，居中 2 个。柱洞深 0.12 ～ 0.5 米。穴内堆积土为灰黑色，土质松软，出土有石块和碎陶片，在外凸半圆内出土残陶片及许多石块。

H15

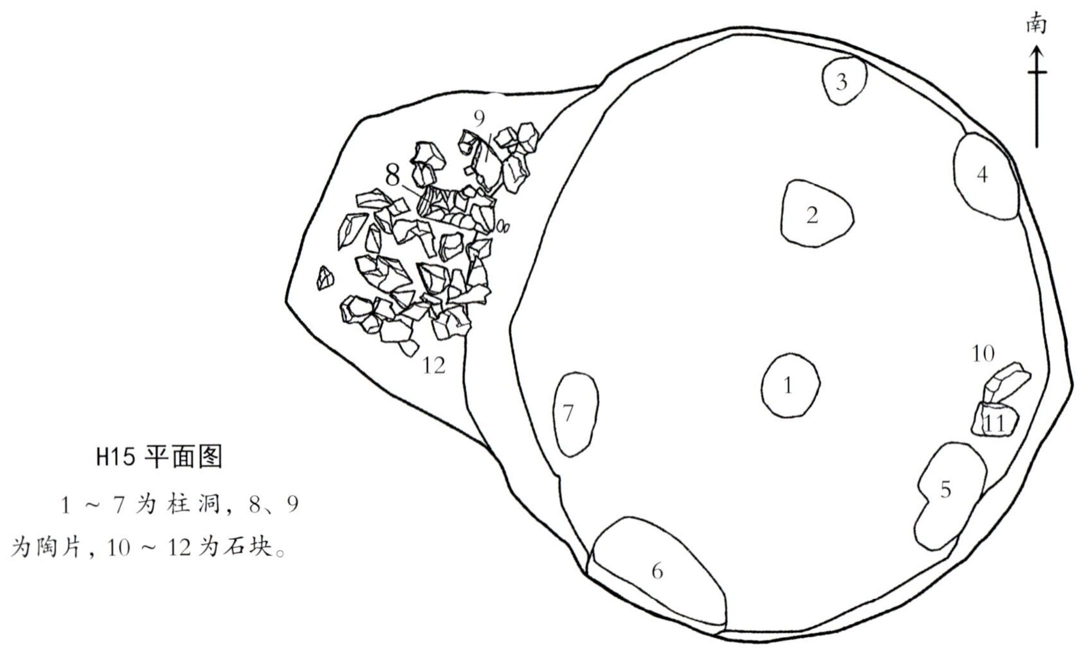

H15 平面图

1 ～ 7 为柱洞，8、9 为陶片，10 ～ 12 为石块。

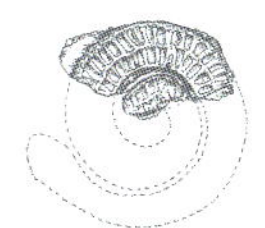

室内窖穴

查海聚落的55座房址不是所有的都有室内窖穴，有的房址没有室内窖穴，有的房址有1个，最多的F9室内窖穴有4个，总共只有12个房址内有室内窖穴。这些室内窖穴大小不一，最大的窖穴F35室内窖穴的窖口长1.56米，宽1.02～1.06米，深达1.3米。

从不同房址有无室内窖穴、室内窖穴数量和大小不同，我们推知，当时查海聚落人们有了食物等财物占有多少的不同，也就是有了贫富分化，有了贫富分化就有了等级地位不同，亦知当时的社会应该已经开始分化了。

F1的室内窖穴

F1室内有3个窖穴，编号为J1、J2、J31。窖穴均挖凿在生黄土层和基岩层内，穴坑大小不同，深浅不一，一般窖口大于窖底。

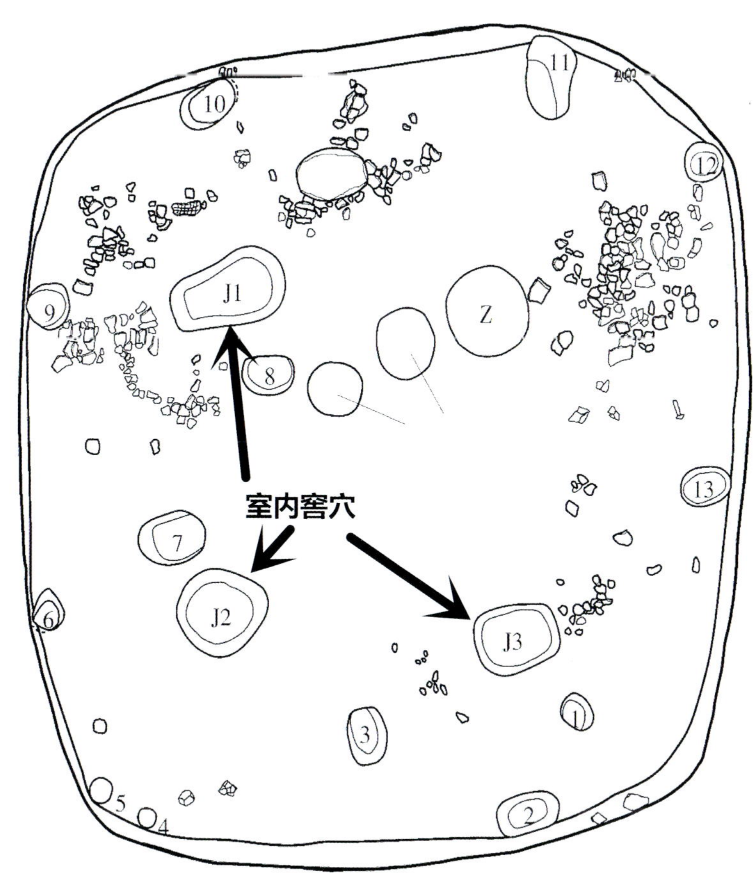

F1室内窖穴平面图

J1位于西北部，平面呈不规则椭圆形，斜壁，平底，口东西长1.22米，南北宽0.7米，底部东西长1米，南北宽0.5，深0.5米。J2位于西南部，平面呈不规则圆形，斜壁，平底，口部直径0.95～0.84米，底部直径0.7～0.55米，深0.63米。J3位于东南部，平面呈圆角长方形，斜壁，平底，口部东西长0.88米，南北宽0.6米，底部东西长0.7米，南北宽0.5米，深0.6米。

F35 室内窖穴

F35 位于遗址西北部，面积为 27.66 平方米，是一座南壁半圆状外凸式小型半地穴房址。房址的西北角有一室内窖穴，为长方形竖穴坑。

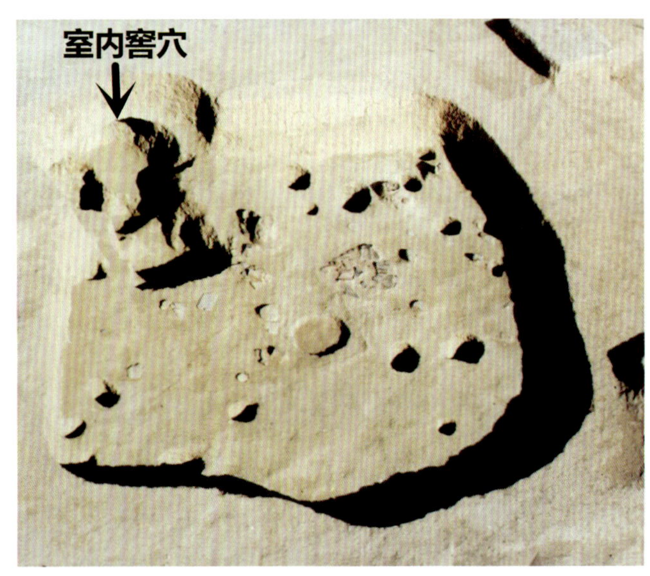

F35 室内窖穴

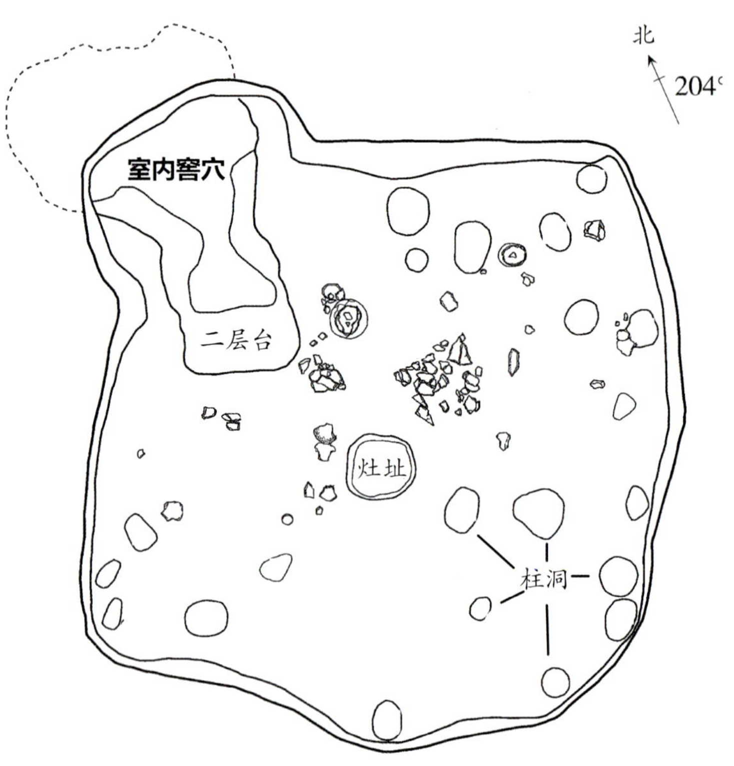

F35 室内窖穴平面图

窖室延伸入西北角壁内，呈不规则椭圆形，进深 0.7 ~ 1.1 米，宽 2.2 米。从窖口到窖室之间凿有3层台阶，每层台阶面都发现有较明显的脚踏窝痕迹。窖室东部凿有二层台，台面呈半圆体，台高0.62米，东西宽 0.7 米，南北长 1.12 米。西部呈缓坡向下延伸，最深处 1.3 米。

生死相居——特殊的葬俗

现代考古学研究表明，新石器时代聚落遗址基本由居住址、窑址、公墓 3 部分组成。或许是由于经济发展和风俗习惯的关系，查海遗址迄今没有发现成片的氏族墓地，查海遗址发现的墓葬分为“中心”墓地居址葬和房址内居室葬两种形式，这两种葬俗是新石器时代的特殊丧葬习俗，也是北方地区史前文化当中特有的葬俗。

聚落中心的墓葬——居址葬

查海中心墓地即为居址葬，位于聚落的中部，占地面积约 500 平方米，共发掘清理出 10 座墓葬，编号为 M1 ～ M10；2 个祭祀坑，编号为 H34 和 H36；1 处龙形堆石遗迹。

居址葬

居址葬是指位于人们居住的聚落址内而且埋葬在房址外边的墓葬。

这种葬俗是人类有意识地将死者埋葬在居住房屋地面下的墓葬形式，是人类比较古老的埋葬死者的风俗之一，在旧石器时代就已经出现，一直延续为近代一些少数民族丧葬习俗。

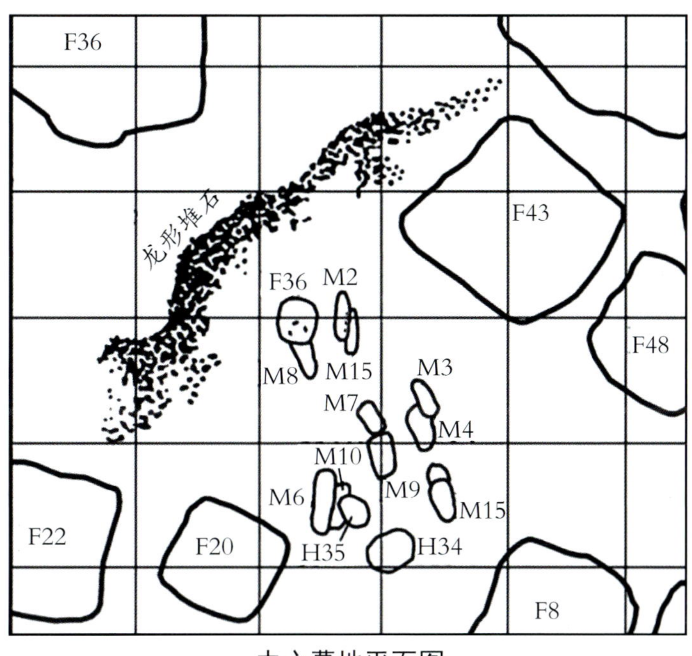

中心墓地平面图

中心墓地的 10 座墓葬埋葬较为集中紧密，有些墓葬相互间有叠压打破关系。墓葬均凿于基岩内，皆为长方形土坑竖穴墓。墓坑一般长 1.6 ～ 3 米，宽 0.5 ～ 0.9 米，深浅不一，基本为南北向。除 M7 为一成年女性与两个小孩合葬外，其余均为单人葬，死者头北足南，仰身直肢，大多面向西。聚落中心墓地始建于中、早期，从龙形堆石、祭祀坑及墓地中遗留的动物骨骸分析，其早期至晚期一直被作为这个聚落的祭祀活动区。由此可知，这是些身份特殊的人，是首领、巫觋、英雄……他们虽死犹生，让查海部落人们崇拜纪念他们，并能随时祭拜，让他们永远生活在聚落之中。

中心墓地

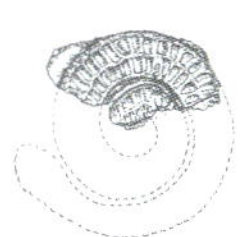

墓主性别和年龄

这10座墓葬可以鉴定性别的为男性2人，女性4人，其余不详，墓主都年纪较轻，在25～40岁之间。M7是1个成年女性和1个小孩的合葬墓，疑为母子合葬，其余全都是单人葬。有两座墓葬人骨已经腐朽全无，只有8座墓葬仍存有遗骨，其中M8遗骨保存得比较好。

M1和M2

M1紧邻龙形堆石，在龙形堆石的东南侧，位于M2东侧，西北角被西侧偏上的M2打破，正北向。墓穴长方形，填土为灰黑色。墓口大于墓底，北端宽于南端。墓壁、墓底均较平整。墓口长1.8米，北端宽0.42米，南端宽0.3米；墓底长1.72米，北端宽0.34米，南端宽0.26米，墓深0.3米。单人葬，成年男性，头北足南，仰身直肢，面向西。尸骨保存不好，腐蚀严重，仅存头骨、上肢骨及下肢骨残块，墓内无随葬品。

M2紧邻龙形堆石，亦在龙形堆石的东南侧，位于M1西侧，打破M1西北角，正北向。墓穴圆角长方形，填土为灰黑色。墓口大于墓底，北端略宽于南端，西壁稍外弧。墓壁、墓底均较平整。墓口长2.04米，北端宽0.62米，南端宽0.54米；墓底长1.94米，北端宽0.5米，南端宽0.44米，深0.38米。单人葬，成年女性，头北足南，仰身直肢，面向西。尸骨保存不好，腐蚀严重，仅存头骨、上肢骨、下肢骨及踝骨残块。足下随葬2件素面红褐陶小罐。

M1、M2

M8

M8为一成年男性单人葬，约40岁，随葬品较多，在墓主人脚下陪葬了23件石器，主要有石斧5件、石刀、石凿、石球、砾石、石饼型器和研磨器等，在填土中还有少量的陶片、鹿骨碎块和残石斧1件。

M8

与M2中成年女性只随葬两件陶器对比，M8的成年男性墓中只随葬了石器，不见陶器，由此反映出查海的社会分工已经出现：女性负责制作陶器，生活中也是较多地使用陶器进行炊煮食物等；男性则较多地使用石器，进行狩猎和农业生产等。这种社会分工加速了社会分化，加速了查海社会的文明进程。

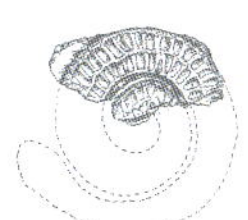

远古缅怀的见证——祭祀坑

祭祀坑位于聚落中心墓地，在龙形堆石下边，通过对龙形堆石、中心墓地和祭祀坑中遗留火烧过的猪骨骸进行分析，表明查海先民把猪作为主要祭祀品，这里应是祭祀活动场所。充分证明查海先民已有灵魂观念，相信人死后灵魂会到另一个世界得到永生，死者灵魂仍然和活人生活在一起。灵魂观念的产生进而促使查海人产生了祭祀思想，有了祭祀行为，并逐渐形成规范祭祀活动的礼仪，祭祀活动又产生了祭祀场所和祭祀崇拜物，这是最早祭祀缅怀的见证，原始宗教也随这一系列行为产生并发展起来。

祭祀坑位于中心墓区，共发现 2 个，编号为 H34、H36。根据祭祀坑出土的陶器来看，H34 主要是晚期遗物，从两坑内都有灰烬和猪的残碎骨块现象分析，这里是用来祭祀性质的活动场所。总而言之，聚落中心墓地始建于中、早期，从龙形堆石、祭祀坑及墓地中遗留的动物骨骸分析，这里从早期至晚期一直作为查海聚落的祭祀活动区。

祭祀坑

祭祀坑 H34

H34 位于中心墓区最南端，开口于地层下，凿于基岩内。圆形，坑口大于坑底，斜直壁，平底，底中部偏北有一椭圆形寰底小坑。坑内黑灰色土，土质松软，内含灰烬成分较大，并有火烧过的猪骨小碎块。坑口直径 1.9 米，底径 1.4 米，深 0.9 米；底部小坑南北长 0.6 米，东西宽 0.5 米，深 0.24 米。

H34 坑内发现了一些遗物。

陶器 5 件：分别是直腹罐 3 件，鼓腹罐口沿 1 件，A 型陶纺轮 1 件。

石器 5 件：石斧 1 件，石铲残片 1 件，敲砸器 3 件。

玉凿 1 件，编号为 H34:2，浅绿色，通体磨制光滑，顶端有崩痕，斜直刃，两侧棱角分明，残长 4 厘米，刃宽 0.8 厘米，上端宽 0.7 厘米，厚 0.6 厘米。

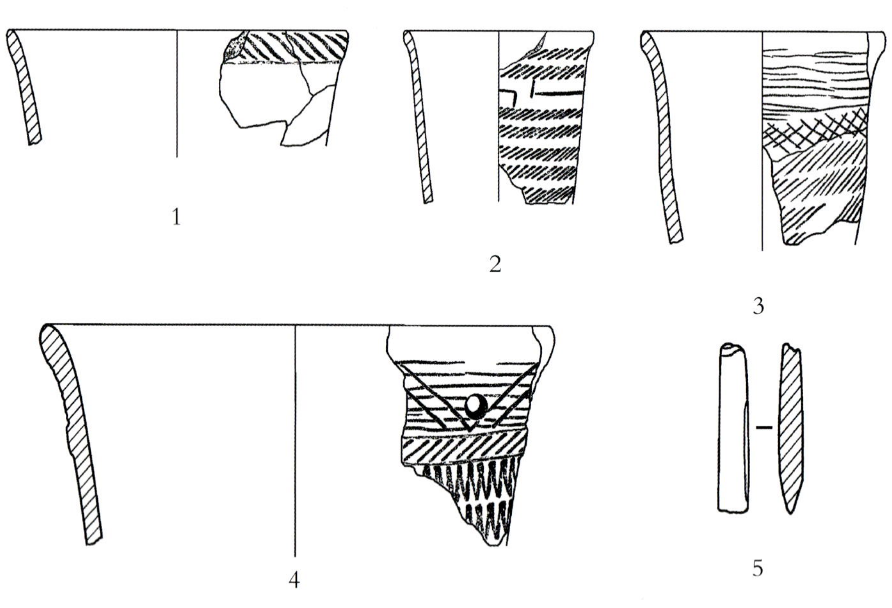

H34 陶器和玉器

1. 直腹罐 H34:10　2. 直腹罐 H34:9　3. 直腹罐 H34:11　4. 鼓腹罐 H34:8　5. 玉凿 H34:2

祭祀坑 H36

H36 位于中心墓区北端，开口于地层下，叠压于 M8 的北缘。圆角方形坑，直壁，平底。坑内为黑灰色土，土质松软，内含灰烬及火烧过的猪骨碎块。坑南北长 1.7 米，东西宽 1.5 米，深 0.23 米。

生死相依的亲情——居室葬

查海遗址居室葬作为埋葬死者的一种方式，在已发现的6座居室葬中，4座葬的都是儿童，其余两座虽已人骨朽无，但据墓葬形制推测也应为儿童墓，明确地表达出死者特殊的社会地位或是特殊死因。死后被埋在房屋居室内这种特殊的埋葬方式，带有原始野蛮与落后性，体现了生者对死者厚重的亲情和怀念，更表现出了查海先民基于亲情已经产生了灵魂（鬼神）观念。

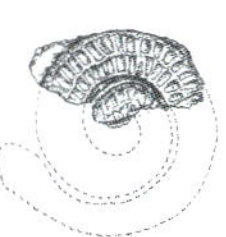

查海遗址已发现了6座居室葬，均为土坑墓，全都位于房屋室内西北角，靠近西壁或北壁一边，有的紧贴墙壁，墓坑在室内地面垫土层的下面。墓葬全都为圆角长方形，其中两座墓中的尸骨已全部朽无，葬式不清，其余4座从腐蚀残存的牙齿推测皆为儿童单人葬，头北足南。只有3座墓葬发现随葬品，分别是F7M、F21M、F43M，随葬品主要是陶器、石器和珍贵的玉器。

查海遗址居室墓一览表

墓葬编号	出土房址	房址中平面位置	开口层位	墓葬形制	葬式	头向	性别年龄	随葬品
F7M	F7	西侧中部，西侧紧靠房穴西壁	开口于居住面垫踏土层下	长方形土坑竖穴墓	单人葬	头北足南	儿童	共3对大、中、小型玉匕，分别在儿童的颈、腰、脚部位
F16M	F16	靠近西壁偏北的二层台下	开口于居住面垫踏土层下	长方形土坑竖穴墓	单人葬	头北足南	儿童	无
F18M	F18	室内西北角，西侧紧靠房穴西壁	开口于居住面垫踏土层下	长方形土坑竖穴墓	单人葬	头北足南	儿童	无
F19M	F19	西北角，距房穴西壁1米	开口于居住面垫踏土层下	长方形土坑竖穴墓	单人葬	头北足南	儿童	无
F21M	F21	西侧中部	开口于居住面垫踏土层下	长方形土坑竖穴墓	尸骨朽无，葬式不清	尸骨朽无，头向不清	尸骨朽无，性别年龄不清	1大2小直腹罐套放在一起
F43M	F43	西北角，南端边缘被室内中心灶址叠压	开口于居住面垫踏土层下	长方形土坑竖穴墓	尸骨朽无，葬式不清	尸骨朽无，头向不清	尸骨朽无，性别年龄不清	玉玦2件，陶器6件，石料2件

F7 居室墓（F7M）位于 7 号房址室内西侧中部，墓葬西侧紧靠房穴西壁。墓穴开口于室内活动面垫踏土层下，墓穴挖凿于基岩层内，为圆角长方形土坑竖穴墓。墓圹东西两侧直边，南北两端略外弧。壁面平直，墓底平整。唯西北角底部稍向外斜凿呈直角。墓长 1.2 米，宽 0.5 米，深 0.45 米。墓内填土为灰泥沙土。在墓底北部清理出 1 枚儿童臼齿，齿骨腐蚀严重。随葬品从北至南相继出土了 3 对大、中、小型 6 件玉匕。依据墓中出土的牙齿及玉匕的相对位置推测，该墓为儿童单人葬。

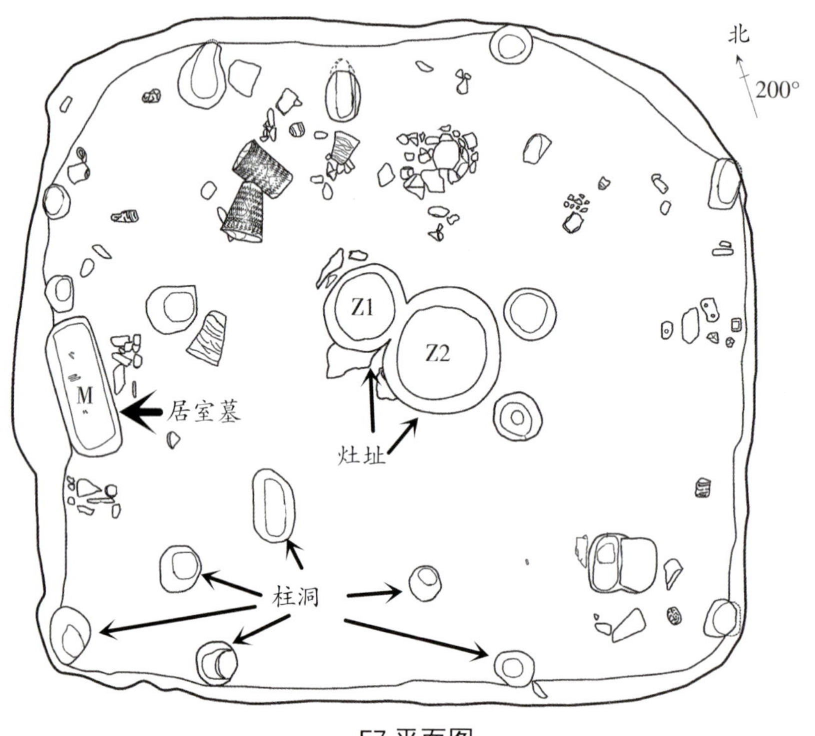

F7 平面图

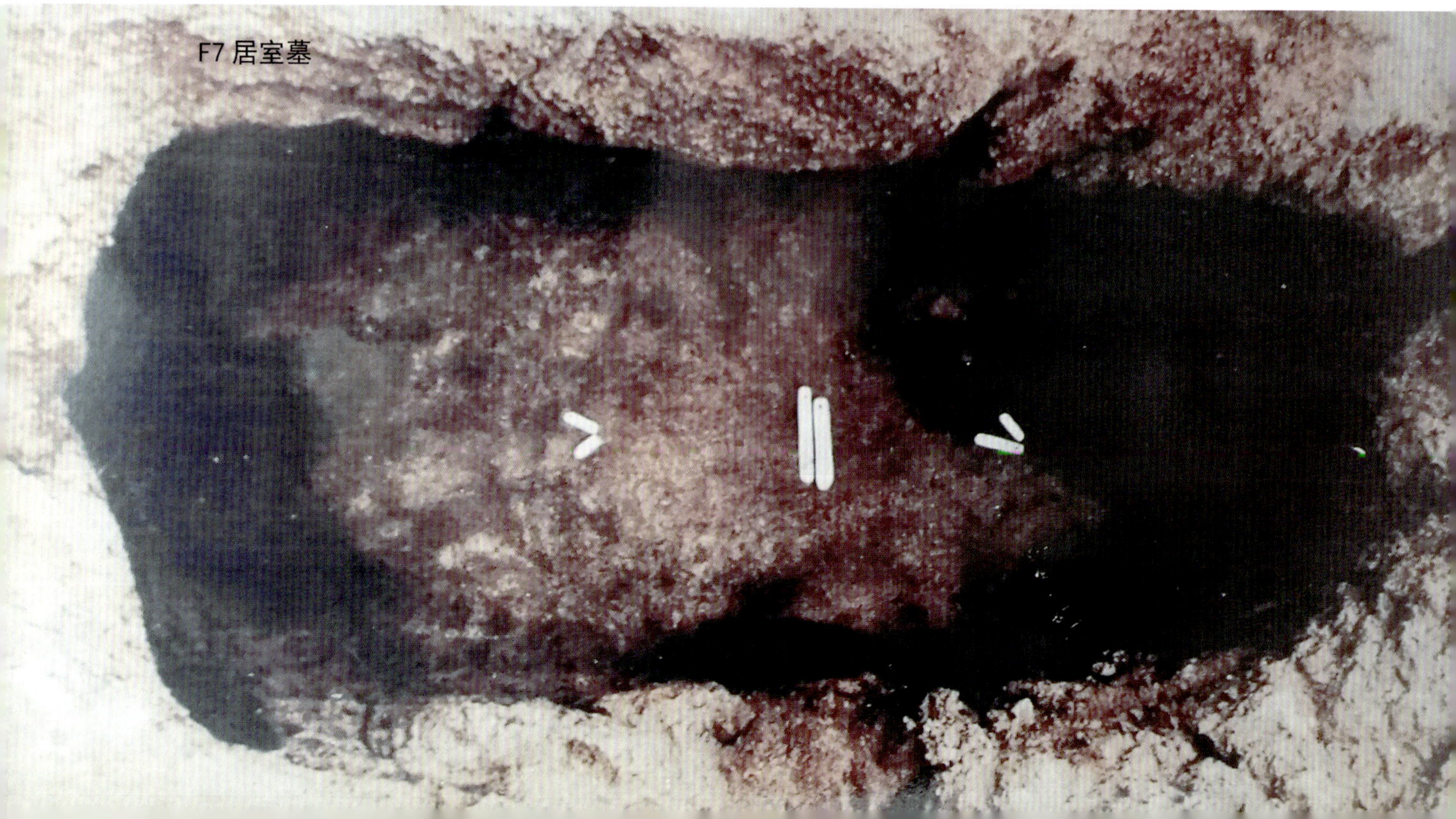

F7 居室墓

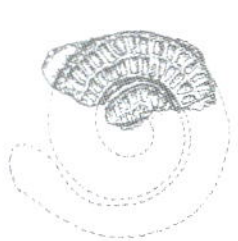

中华第一龙——龙形堆石

查海龙形堆石遗迹位于聚落“中心”墓地北边约3.5米的显著位置，被众多房址环绕，上方是查海遗址最大的F46房址，足见龙形堆石的显要地位。

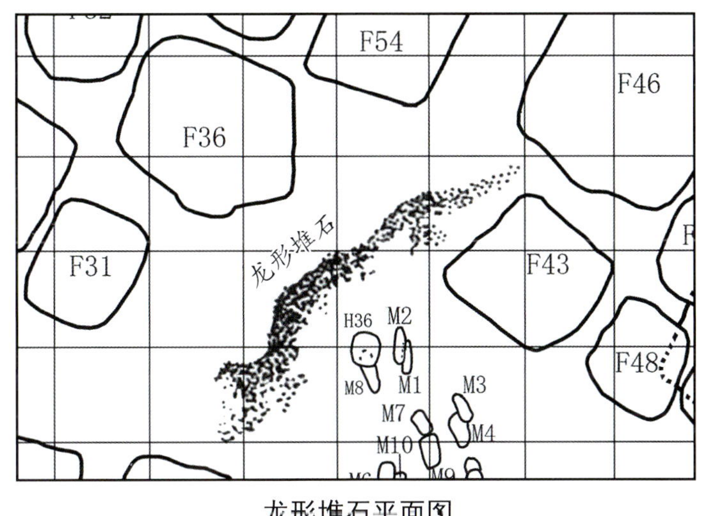

龙形堆石平面图

龙形堆石横伏在山坡之上，全长19.7米。在山坡下向上观看，龙首昂向西南，尾部向东北甩去，昂头张口，红褐色石块似片片龙鳞，身体呈弯弓状，往尾部渐近变细上翘，摇摆甩向东北方向，若隐若现，展现给人们一种巨龙就要腾空飞舞的态势，形象逼真，栩栩如生。查海遗址的龙形堆石是迄今为止我国新石器时代考古发现的距今年代最早、形体最大的龙形象，堪称“中华第一龙”。

龙形堆石发掘现场

灶址——阜新的第一缕炊烟

查海灶址主要发现于房址内，室外亦有零星分布，灶面经火烧后呈暗红色，一般都保存完好。每座房址内一般都有1个灶，位于室内中部，个别设有两个灶，甚至在有些房址内还发现被废弃的灶址及早晚之间叠压打破现象。这些灶址可分为坑穴式灶和地面支石灶两种，其中坑穴式灶最为普遍。灶穴均凿于基岩内，一种是直接使用，一种是经抹泥后或者灶底铺石抹泥后使用。

F34 灶址

底部皆用大小相等的石块铺摆一层，再抹一层6～10厘米厚的泥。

F34灶址和F50灶址，属于圆形穴铺石灶址，灶穴较深，直壁平底，底部有的用碎石块平铺一层，或用石器平铺灶底，有的还用石块平铺后再抹泥。

查海遗址每座房址内都有灶址，一般设有1～2个，灶址位于房址正中，有的底部用石块和石器铺垫。这些灶址是查海先民取暖、照明、炊煮和烧烤食物之用。另外还有一种特殊的灶址，就是有的窖穴内还有灶址。

F50 灶址

底部还发现了用铲形器、石刀等铺摆的石块堆。

F26 及其南侧小石堆 S2

石块堆——囤积的投掷武器

查海聚落的石块堆积遗迹共有两处，编号为 S1 和 S2，位于西北角成排窖穴的外侧，在 F35、F34、F26 之间。S1 近长方形，南北长 2.5 米，东西宽约 1 米，高约 0.35 米；S2 呈椭圆形，南北长 1.7 米，东西宽 1 米，高约 0.43 米。这些石块都是质地坚硬的石英岩、花岗岩、玄武岩等，棱角分明，形状近圆形、方形，大小在 4 ～ 10 厘米之间，数量较多。根据这些石块堆放的位置（在西北角成排窖穴的外侧，这些成排的窖穴储存着查海聚落大量的粮食）推测，应该是为抵御外族入侵抢掠、打击侵略者而囤积的投掷石块，这也是远古部落征战的见证。

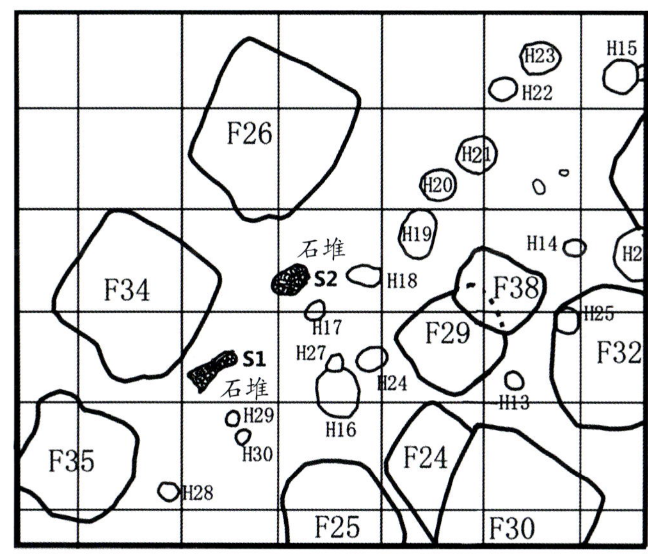

石块堆平面图

壕沟——界标性的防御设施

外围壕沟是古代聚落布局的一个重要组成部分，不仅是当时的防御设施，也是考古发掘界定聚落址范围的重要依据。由于查海聚落址尚未完全发掘，仅在聚落址东北部发现并清理出了两段外围壕沟遗迹，编号为G1、G2。这两段外围壕沟的发现，明确了查海聚落址外围挖有壕沟，同时也确定了遗址的东北角界限。

壕沟概况

G1、G2均开口于基岩层，G1为南北走向，向南延伸，延伸部分未做发掘，清理长度30米。G2为东西走向，延伸部分未发掘，清理长度7米。沟内横截面皆为倒梯形，上宽下窄，

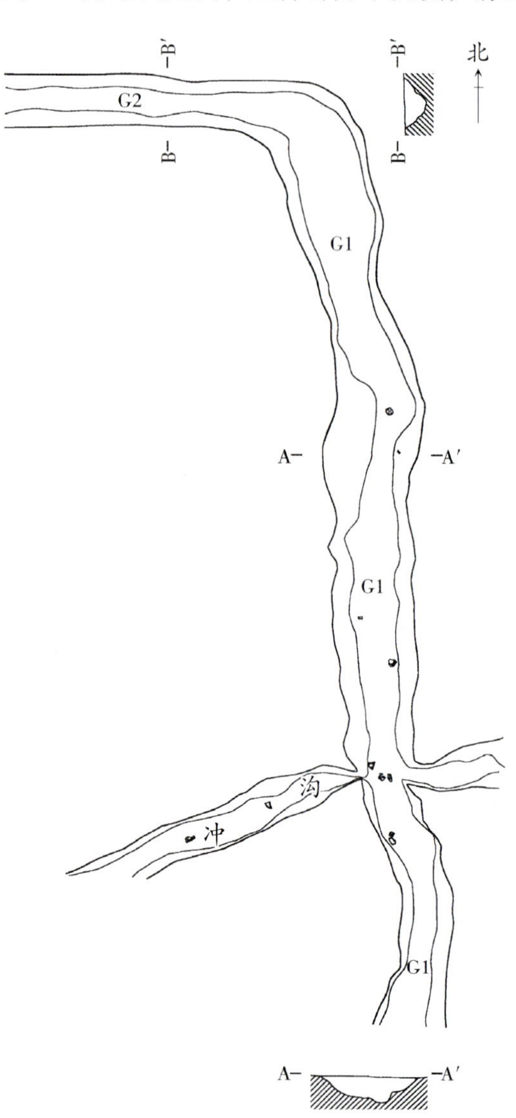

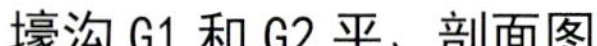

壕沟G1和G2平、剖面图

壕沟G1

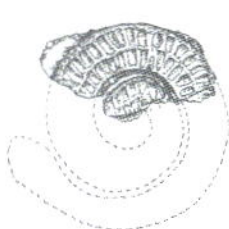

底部较平整。沟内清理出一些陶器残片，以及完整的石斧、石铲、石球、砍砸器、石磨棒、石磨盘、石饼等，夹杂有少量猪骨碎块。

环壕聚落

古代人类在居住地周围设有防御性壕沟的聚落遗存。因这种壕沟多呈不规则圆形而环绕于居住地周围，故考古学界又称其为“围沟”或“围壕”，是人类社会进入农耕阶段以后常见的一种聚落形式。

壕沟内遗物

沟内清理出的陶器有残陶罐 3 件、钵 1 件、陶纺轮 1 件；石器有石斧 1 件、石铲 1 件、石磨棒 3 件、石磨盘 2 件、砺石 4 件、敲砸器 1 件、石料 2 件，猪骨碎块少量。

直腹罐

标本编号 G1:6，夹砂灰褐陶，喇叭形口，厚尖圆唇，直腹，平底，颈饰弦纹、锯齿形几何纹，腹饰竖压横排“之”字纹，口径 28.1 厘米，底径 17.9 厘米，高 42.7 厘米。

鼓腹罐

标本编号 G1:2，夹砂红褐陶，尖圆唇，束颈，深腹，略外鼓，平底，唇下饰压印左斜线纹，颈饰扣合曲尺形几何纹，上腹饰左斜线纹，下腹饰梭形几何纹，口径 22.8 厘米，底径 15.2 厘米，高 35.5 厘米。

斜腹罐

标本编号G2:2，夹砂红褐陶，撇口，圆唇，斜直腹，平底，口部外叠宽带沿饰右斜线纹，素身，器身有锔孔，口径34.5厘米，底径15.4厘米，高41.4厘米。

钵

标本编号G1:9，夹细砂红褐陶，薄圆唇，小敛口，斜腹稍外弧，小平底，纹饰由上至下依次为网格纹、锯齿形几何纹、网格纹、“F”形几何纹，口径7.5厘米，底径3.5厘米，高5厘米。

石铲

标本编号G1:4，灰绿色页岩打制，直柄，显腰，平肩，长弧刃，身长11厘米，柄宽10厘米，刃宽23厘米，刃厚0.2厘米。

独具匠心 精致的聚落遗物

进入新石器时代，人们结束了风雨中的漂泊，制造和使用磨制石器，发明了陶器，进行农业耕种和家畜饲养，开始了真正的较为稳定的定居生活，在自己营造的聚落中创造出灿烂的农耕文化，为文明的形成打下了坚实的根基。从查海遗址出土的大量遗物可知，先民从事农业生产，磨制各种石器，烧制陶器，制作使用玉器，饲养家畜，由依赖自然的采集渔猎经济跃进改造自然的生产经济，这些器物是社会生产力发展和查海先民集体智慧的结晶。

精美的陶器

陶器是新石器时代人们的一项伟大发明，也是人类创造出的第一个自然界中没有的东西，是新石器时代人们生产最多的物品，陶器的制造和使用改变了人们的生活，促进了社会发展进步。查海聚落属于新石器时代农耕定居部落，出土了大量陶器，多数房址的陶器都集中放在房屋内的西北部，按原样保留放置在原先的地面上，有的正置，有的倒置，有的小陶器放在大陶器里，但都已压碎成陶片堆。这似乎在向今天的人们表达某种信息：当年查海人似乎因为突然发生了什么大的变故而离开，匆忙得没来得及带走这些宝贵的陶器，让这些带有精美纹饰、隐含着他们巨大信息的陶器静静地埋藏等待了8000年。

陶器是用黏土制做成型、干燥后用柴草等经900～1200℃高温烧制而成的吸水率高、不透明的器具。新石器时代早期就已初见粗糙的陶器，历史悠久。

瓷器是由瓷石、高岭土、石英石等制胎，外表施有玻璃质釉，后通过窑内1300～1400℃高温烧制而成的器物，因表面有釉质而吸水率极低。

陶罐出土状态

陶器在查海遗址内无处不在，遗址的地层、房址、窖穴和墓葬中出土了数量众多的陶器遗物。根据统计，7 次发掘共出土陶器 9278 件，其中完整陶器、可复原陶器及残器共计 1177 件，陶片个体共计 8101 件。

查海遗址出土的陶器仅有罐、钵、杯和纺轮 4 种，数量多，种类少；大型多，小型少。其中罐为大宗，是查海聚落遗址中最为丰富的器类。

陶器分类

依据陶器的用途不同，可分为生活用具和生产工具两大类。

生活用具

根据口沿、腹部、纹带和纹饰的变化不同，将这些陶器分为罐、钵和杯 3 类。

陶罐共计 1014 件。根据器型标准分为 3 种：直腹罐、斜腹罐和鼓腹罐。

直腹罐

标本编号 F4:16，夹砂灰褐陶，小喇叭口，圆唇，直腹，底微凹，下腹部有 1 对锔孔，颈饰横压竖排“之”字纹，附加堆纹带饰左斜线纹，腹饰竖压横排“之”字纹 12 周，口径 26.6 厘米，底径 16.8 厘米，高 38.8 厘米，壁厚 1.1 厘米。

直腹罐

标本编号 F7:9，夹砂灰褐陶，敞口，尖圆厚唇，直腹，底微凹，颈饰左斜线纹、“F”形几何纹，附加堆纹带饰左斜线纹，腹饰竖压横排“之”字纹 7 周，近底饰“F”形几何纹，颈部 1 对锔孔，口径 17.46 厘米，底径 10.6 厘米，高 23.5 厘米。

直腹罐

标本编号 F8:5，敞口，厚圆唇，直腹，平底，颈饰锯齿形几何纹，附加堆纹带饰左斜线纹，腹饰竖压横排“之”字纹，口径 20 厘米，底径 11.6 厘米，高 27.1 厘米，壁厚 1 厘米。

直腹罐

标本编号 F9:3，夹砂红褐陶，敞口，厚圆唇，直腹，平底，颈饰弦纹数周，附加堆纹带饰左斜线纹，其下饰竖排交叉纹 1 周，腹饰交叉纹，口径 22.2 厘米，底径 13.1 厘米，高 32 厘米。

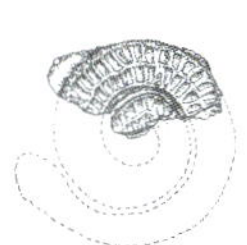

直腹罐

标本编号 F40:42，夹砂红褐陶，敞口，厚尖圆唇，直腹，微凹底，颈饰弦纹数周，附加堆纹带饰左斜线纹，下饰网格纹，腹饰横排规整“人”字纹，近底饰网格纹，口径 16.3 厘米，底径 9 厘米，高 20.3 厘米。

直腹罐

标本编号 F17:1，夹砂灰褐陶，大喇叭口，圆唇，直腹，平底，颈饰横压竖排“之”字纹，附加堆纹带饰股线菱格纹，腹饰竖压横排“之”字纹，口径 54 厘米，底径 30.5 厘米，高 70 厘米。

直腹罐

标本编号 F21:2，夹砂灰褐陶，敞口，厚圆唇，直腹，底微凹，颈饰横压竖排“之”字纹，附加堆纹带饰网格纹，腹饰竖压横排“之”字纹，口径 31 厘米，底径 18 厘米，高 42 厘米。

斜腹罐

房址间空地陶器堆出土。标本编号 D3:3，夹砂红褐陶，喇叭形口，圆唇，直腹，平底，素面，口径 10.3 厘米，底径 6 厘米，高 12.1 厘米，壁厚 0.6 厘米。

斜腹罐

标本编号 F1:25，夹砂红褐陶，敞口，尖圆唇，外叠宽带沿，斜腹，底残缺，宽带沿饰右斜线纹，素身，腹部有 4 个锔孔，口径 31 厘米，高 33 厘米。

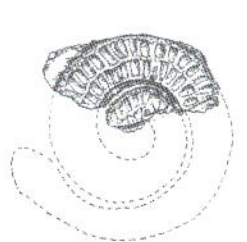

斜腹罐

标本编号F26:33，夹砂红褐陶，直敞口，尖圆唇，斜腹，小平底，外叠宽带沿饰右斜线纹，素面，近口部下有1对孔，口径33厘米，底径14.2厘米，高35.1厘米，壁厚1.3厘米。

斜腹罐

标本编号F26:34，夹砂红褐陶，敞口，圆唇，斜腹，近器底处内弧明显，平底，外叠宽带沿饰右斜线，素面，口径28.6厘米，底径13厘米，高30.2厘米。

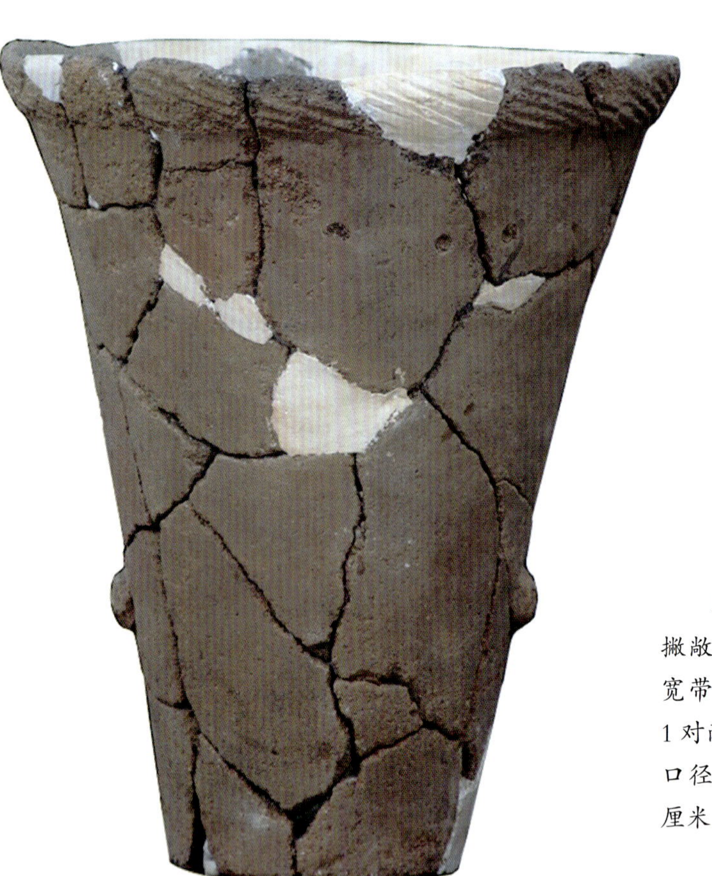

斜腹罐

标本编号 F27:35，夹砂红褐陶，大撇敞口，尖圆唇，斜直腹，平底，外叠宽带沿饰右斜线纹，素身，下腹贴饰有1对两侧对称乳钉，近口部有1对锔孔，口径30.3厘米，底径13.2厘米，高35.3厘米，壁厚1.2厘米。

斜腹罐

标本编号 F38:33，夹砂红褐陶，敞口，圆唇，外叠宽带沿，斜腹，平底，外叠宽带沿饰右斜线纹，素身，口径24.8厘米，底径13.4厘米，高30.2厘米。

斜腹罐

标本编号 F43:27，夹砂红褐陶，敞口，圆唇，斜腹，平底，外叠宽带沿饰左斜线纹，其下有 2 对锔孔，腹饰窝点纹不到底，口径 32.9 厘米，底径 13.8 厘米，高 36 厘米。

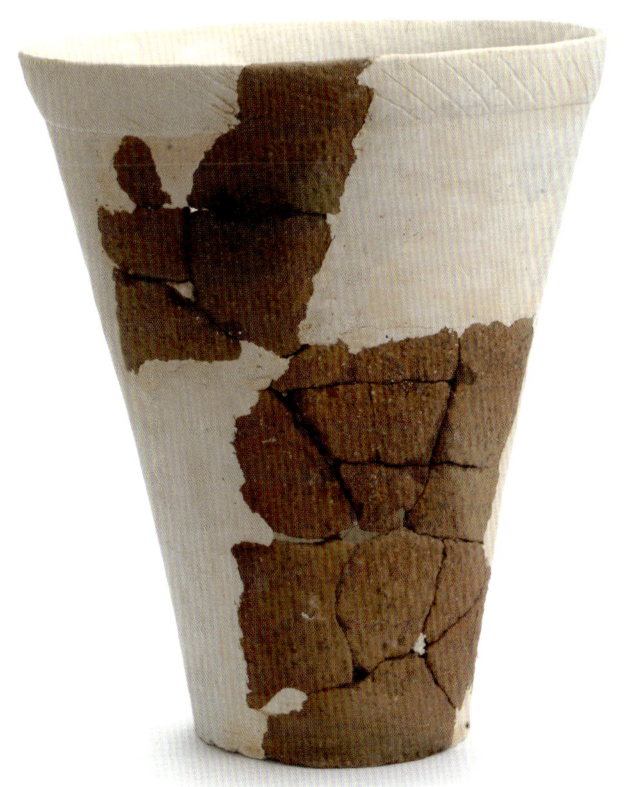

斜腹罐

标本编号 F43:28，夹砂红褐陶，喇叭口，圆唇，斜腹，平底，外叠宽带沿饰右斜线纹，腹饰窝点纹不到底，口径 31.6 厘米，底径 17 厘米，高 41 厘米。

鼓腹罐

标本编号 F2:3，夹砂灰褐陶，口部及内壁泛黑，侈口，圆唇，束颈，鼓腹，平底，近口饰弦纹 1 周，颈饰梭形几何纹，上腹饰左斜纹 5 周，下腹曲线相交形成 5 个菱格区，内饰“人”字纹，近底饰长横线纹，口径 9.5 厘米，底径 5.3 厘米，高 9.9 厘米。

鼓腹罐

标本编号 F5:2，夹砂灰褐陶，侈敞口，圆唇，束颈，肩略显，深腹微鼓，口饰左斜线纹 1 周，颈饰梭形几何纹，腹饰规整左斜线纹不到底，口径 26.5 厘米，底径 14.5 厘米，高 42 厘米。

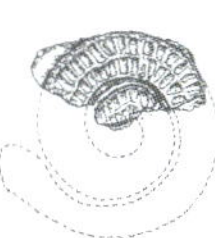

鼓腹罐

标本编号 F5:8，夹砂红褐陶，敞口，尖圆唇，束颈，鼓腹，平底，口饰左斜线纹 3 周，颈饰扣合曲尺形几何纹，腹饰左斜线纹 8 周，近底饰梭形几何纹，腹径 16 厘米，口径 15.5 厘米，底径 12.4 厘米，高 23 厘米。

鼓腹罐

标本编号 F16:4，夹砂灰褐陶，口部残片，敞口，束颈，弧腹，近口饰左斜线纹 2 周，颈饰扣合曲尺形几何纹，腹饰左斜线纹 4 周、锯齿形几何纹、竖压横排“之”字纹 2 周，口径 14.5 厘米，底径 9.1 厘米，高 20.5 厘米，壁厚 0.7 厘米。

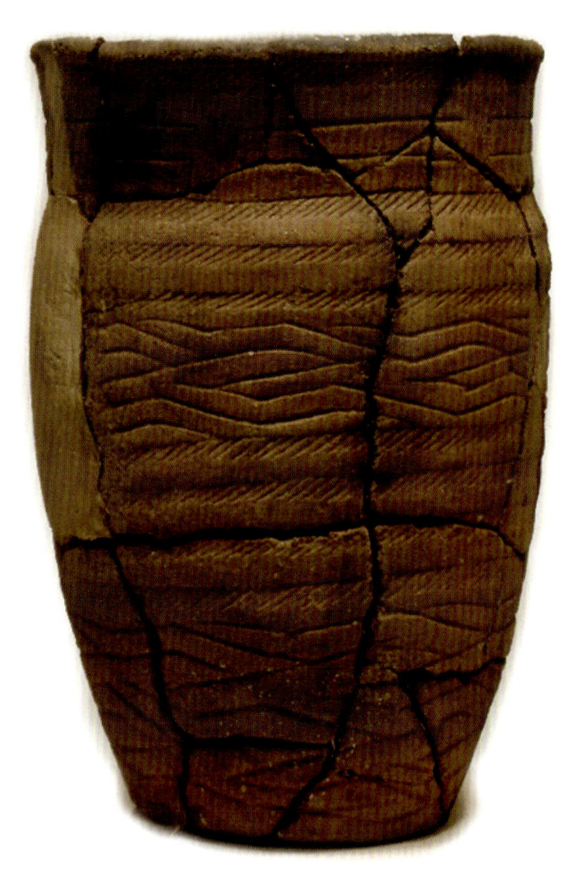

鼓腹罐

标本编号F27:34，夹砂灰褐陶，圆唇，束颈，微显肩，弧腹，平底，腹直径大于口径和底径，近口饰左斜线纹1周，颈饰连体曲尺形几何纹，肩饰左斜线3周，腹饰波曲形几何纹、左斜线纹4周，近底饰波曲形几何纹，口径19.4厘米，腹直径22厘米，底径13.6厘米，高31厘米。

鼓腹罐

标本编号F21:15，略直口，尖圆唇，束颈，鼓腹，显肩，下腹弧收小平底，颈饰弦纹数周，附压锯齿形几何纹，肩饰扣合曲尺形几何纹，腹饰左斜线纹，近底饰梭形几何纹，口径12.68厘米，底径7.5厘米，高18.55厘米。

鼓腹罐

标本编号 F31:49，夹砂灰褐陶，侈敞口，厚尖圆唇，束颈，鼓腹，微凹平底，颈饰左斜线纹 5 周，肩饰“F”形几何纹，腹饰左斜线纹 3 周、“F”形几何纹，口径 13.5 厘米，底径 8.8 厘米，高 20.2 厘米。

鼓腹罐

标本编号 F31:50，夹砂灰褐陶，侈敞口，圆唇，束颈，显肩，鼓腹，平底，颈饰左斜线纹 3 周、“F”形几何纹，腹饰左斜线纹 6 周、“F”形几何纹，口径 16.5 厘米，腹径 15.5 厘米，底径 8.75 厘米，高 19.7 厘米。

鼓腹罐

标本编号 F48:33，夹砂红褐陶，口部泛黑灰色，小侈口，尖圆唇，束颈，显肩，鼓腹，凹平底，颈饰连体曲尺形几何纹，上腹饰弦纹 4 周、间饰左斜线纹 4 周，下腹饰梭形几何纹，口径 14.3 厘米，底径 8 厘米，高 17.8 厘米。

鼓腹罐

标本编号 F54:29，夹砂灰褐陶，侈口，尖圆唇，束颈，不显肩，鼓腹，平底，颈饰连体曲尺形几何纹，肩饰左斜线纹 1 周，其下饰锯齿形几何纹 1 周，上腹饰左斜线纹 5 周，下腹饰梭形几何纹，近底饰竖压横排“之”字纹 1 周，口径 18.5 厘米，底径 11.3 厘米，高 25.3 厘米。

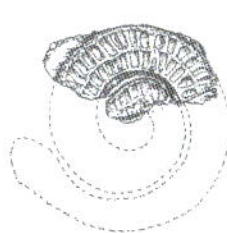

鼓腹罐

标本编号 H5:2，夹砂灰褐陶，敞口，厚圆唇，束颈，鼓腹，平底，颈饰弦纹数周，肩饰“F”形几何纹，腹饰戳刺左斜线纹16周、竖压横排“之”字纹，口径20.6厘米，底径14.5厘米，高33.1厘米。

鼓腹罐

标本编号 H25:2，夹砂灰褐陶，敞口，尖圆唇，束颈，鼓腹，平底，颈饰弦纹数周，肩饰横压竖排“之”字纹，间隔竖压横排“之”字纹，腹饰竖压横排“之”字纹，口径14.2厘米，底径10厘米，高19.2厘米。

小鼓腹罐

标本编号F7:7，夹砂红褐陶，器体扁圆，微敛口，厚圆唇，鼓腹，凹平底，颈饰弦纹3周，腹饰左斜线纹5周，近底饰交叉纹，口径9.7厘米，底径6.8厘米，高11.3厘米。

陶缽（碗）共计77件。根据腹部不同分为4种：直腹缽、弧腹缽、折腹缽和鼓腹缽。

缽

同"钵"，形状像盆而较小的一种陶制器具，用来洗涤或盛放东西等。

陶缽

标本编号F3:10，夹细砂灰褐陶，微敛口，圆唇，颈微内凹，鼓腹，平底，唇至上腹饰锥刺短线纹，下腹饰"F"形几何纹，口径9.5厘米，底径4.5厘米，高5.7厘米。

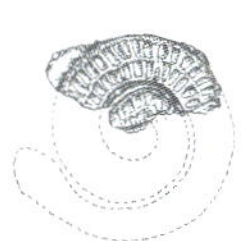

陶钵

标本编号F21:18，夹砂红褐陶，微敛口，厚圆唇，折腹、弧收，小平底，颈饰弦纹数周，腹饰网格纹不到底，口径14.6厘米，底径7.5厘米，高11.5厘米。

陶钵

标本编号F47:13，夹砂红褐陶，口部泛灰黑，口部残片，折肩，鼓腹，小平底，颈饰梭形几何纹，上腹饰左斜线纹5周，下腹饰梭形几何纹，口径12.85厘米，底径6.7厘米，高8厘米。

陶钵

标本编号F51:8，夹砂红褐陶，口部泛黑灰色，直口，薄圆唇，显肩，弧腹，小平底，颈饰弦纹数周，肩部纹饰模糊，腹饰左斜线纹至底，口径9.7厘米，底径4厘米，高6厘米，厚0.4厘米。

陶钵

遗址地层出土。标本编号 T0208②:4，夹砂红褐陶，直口，厚圆唇，鼓腹，平底，颈饰弦纹数周，腹饰网格纹 4 周，口径 17.5 厘米，底径 9 厘米，高 12 厘米。

陶杯共计 30 件。根据腹部不同分为 3 种：直腹杯、斜腹杯、弧腹杯。

斜腹杯

标本编号 F4:3，夹细砂红褐陶，喇叭口，器表戳点菱格纹，口径 5.7 厘米，底径 4 厘米，高 6.5 厘米。

弧腹杯

标本编号 F8:2，夹砂灰褐陶，敞口，薄圆唇，束颈，鼓腹，略显肩，平底，素面，口径 10.3 厘米，底径 5.6 厘米，高 9.3 厘米，壁厚 0.5 厘米。

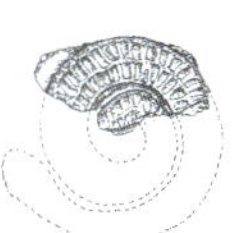

直腹杯

标本编号 F12:1，夹粗砂红褐陶，喇叭口，尖圆唇，直斜腹，假圈足，平底，素身，口径 7 厘米，底径 3.7 ～ 4.1 厘米，高 5.4 厘米。

直腹杯

标本编号 F27 ① :5，夹砂灰褐陶，大喇叭口，尖圆唇，斜直腹，平底，饰交叉划纹、戳点纹，口径 8.6 厘米，底径 5.13 厘米，高 6.15 厘米。

直腹杯

遗址地层出土。标本编号 T0311 ② :1，夹砂红褐陶，直口，圆唇，斜腹，平底，素面，口径 13 厘米，底径 6.5 厘米，高 8 厘米。

斜腹杯

遗址地层出土。标本编号 T0504 ② :2，夹细砂红褐陶，直敞口，圆唇，直腹，平底，近口部饰弦纹，腹饰网格纹，口径 7.2 厘米，底径 4.2 厘米，高 6.4 厘米。

生产工具

查海陶制的生产工具只有纺轮一种，共计有 56 件，按材质和制作工艺分为圆片状和圆珠状两类。

圆片状纺轮共计 52 件，是采用陶器的残片制作而成，做工简陋，有的中间已穿孔，有的孔还未穿透，有的未穿孔。这种采用陶器残片做成纺轮的方法，一是残陶片就地取材方便，制作容易；二是这是一种废物利用，是节约意识的体现。

圆片状陶纺轮

标本编号 F20:18，圆片状，夹砂红褐陶，斜线纹陶片制作，中孔，直径 4.2 厘米，厚 0.5 厘米。

圆片状陶纺轮

标本编号 F36①:6，圆片状，夹砂灰褐陶，鼓腹罐腹部陶片磨制，中孔，直径 5.4 厘米，孔径 0.43 厘米，厚 0.95 厘米。

圆片状陶纺轮

遗址地层出土。标本编号 T0509②:9，圆片状，夹砂红褐陶，陶器残片加工而成，穿孔未透，直径 4 ~ 4.6 厘米，孔径 0.5 厘米，厚 0.95 厘米。

圆片状陶纺轮

遗址地层出土。标本编号 T0605②:1，圆片状，夹砂灰褐陶残片加工而成，直径 3.7 厘米，孔径 0.5 厘米，厚 0.9 厘米。

圆珠状纺轮 4 件，陶土烧制而成，为夹砂红褐陶，截面为椭圆形，中间有透孔。

圆珠状陶纺轮

遗址采集。标本编号采 :1，夹砂红褐陶，珠状，珠面有划痕，直径 2.5 厘米，孔径 0.25 厘米，厚 1.9 厘米。

圆珠状陶纺轮

标本编号 F14:30，夹砂红褐陶，圆珠状，直径 3.04 厘米，孔径 0.67 厘米，厚 1.44 厘米。

圆珠状陶纺轮

标本编号 F16:41，夹砂红褐陶，圆珠状，中心孔，直径 2.9 厘米，孔径 0.5 厘米，厚 1.7 厘米。

纺轮

纺轮是我国古代发明最早的捻线纺纱工具，中间有 1 个圆孔，在纺轮中间的小孔插 1 个杆，利用纺轮的旋转把纤维拧在一起，并用同样的方法把单股的纤维合成多股的更结实的线，用来纺织。

陶器纹饰——点线韵律之美

查海陶器纹饰种类有短线纹、弦纹、斜线纹、窝点纹、交叉纹、网格纹、“人”字纹、菱格纹、贴塑纹、针枝叶纹、席纹、附加堆纹带、“之”字纹、指压纹、几何纹，包括素面共计 16 种。

查海陶器施纹包括压划、压印、草划、指压、戳压、附贴、贴塑等方法，而且陶器施纹手法娴熟，纹饰有序规整，富于对比变化，美观实用。

通过对查海完整陶器及部分标本编号残片纹样的分析，其施纹有素面、单一、复合 3 种形式。

素面陶器

主要是早期制作的陶器，以红褐陶器为主，可分为纯素面陶（陶器表面从口沿到器底没有纹饰）和素身陶器（陶器口沿部有圈纹饰，器身是素面没有纹饰）两类。

查海遗址陶片纹饰标本

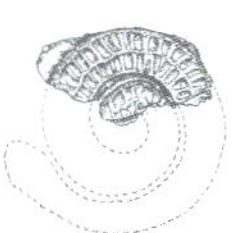

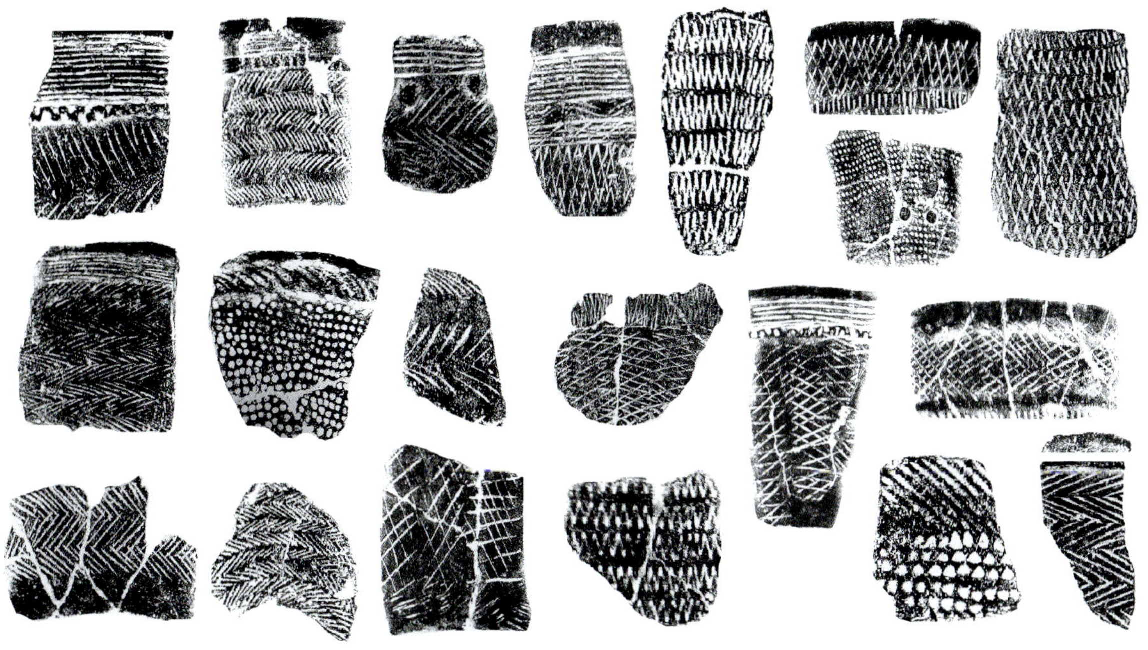

查海遗址陶器代表纹饰拓片

纯素面陶直腹罐

标本编号F9:1，夹砂红褐陶，素面，敞口，圆唇，直腹，平底。口径12厘米，底径8.3厘米，高17.6厘米。

纯素面陶钵

标本编号F43:78，夹砂红褐陶，素面，直口，外侈厚尖圆唇，上腹近直，下腹微弧，近底内收平底。

素身陶直腹罐

标本编号 F32:35，夹砂红褐陶，敞口，圆唇，直腹，微凹平底，外叠宽带沿饰右斜线纹，素身，口径 18.5 厘米，底径 10.5 厘米，高 23.5 厘米。

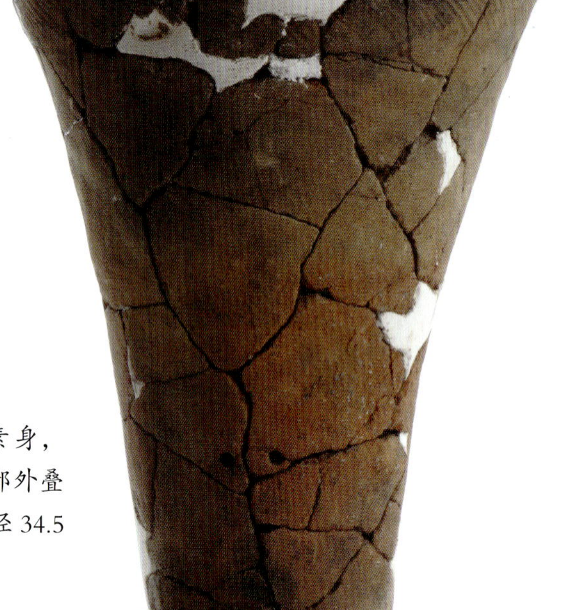

素身陶斜腹罐

标本编号 G2:2，夹砂红褐陶，素身，敞口外撇，圆唇，斜直腹，平底，口部外叠宽带沿饰右斜线纹，器身有锔孔，口径 34.5 厘米，底径 15.4 厘米，高 41.4 厘米。

素身陶斜腹罐

标本编号 F4:1，夹砂红褐陶，素身，直口，薄圆唇，外叠宽带沿，斜腹，平底，口沿饰右斜线纹，腹部无纹饰，口径 14.9 厘米，底径 9 厘米，高 15.6 厘米。

单一施纹陶器

以早、中期的红褐陶器为主。早期纹饰主要为窝点纹；中期为左斜线纹、网格纹、弦纹、交叉纹、“人”字纹；晚期则主要流行的是“之”字纹。

单一施纹直腹罐

标本编号F38:13，敞口，圆唇，直腹，平底，通体饰左斜线纹，口径13.4厘米，底径7.2厘米，高16.2厘米。

单一施纹小直腹罐

标本编号H13:1，夹砂灰褐陶，敞口，薄圆唇，直腹，平底，通体饰竖压横排“之”字纹8周，口径14.5厘米，底径8厘米，高17.5厘米。

单一施纹直腹罐

标本编号F5:9，夹砂灰褐陶，敞口，圆唇，直腹，平底，通体饰横压竖排“之”字纹，纹饰不到底，口径14.5厘米，底径8厘米，高16厘米。

单一施纹直腹罐

标本编号F48:26，夹砂红褐陶，敞口，圆唇，直腹，平微凹底，通体饰竖压横排“之”字纹数周，口径16厘米，底径10.7厘米，高20.5厘米。

复合施纹陶器

这种陶器数量较多，以直腹罐为多，器身以不同的纹带分隔而形成颈、带、腹3部分。纹饰富于对比，变化多样，美观实用，给人一种赏心悦目之感，让人赞叹。

复合施纹直腹罐

标本编号F31:46，夹砂灰褐陶，小喇叭口，尖圆唇，直腹，平底，颈饰弦纹数周、附压锯齿形几何纹，附加堆纹带饰网格纹，腹饰竖压横排“之”字纹，口径42厘米，底径22.5厘米，高56.5厘米。

陶器上的锔孔和查海当地生长的苘麻

锔孔陶器

陶器从土而来因火而生，无论人们如何百般爱惜千番注意，它都有开裂破碎的危险，于是修复和再利用就成为人们孜孜以求的追求。这一行为在8000年查海文化可见渊源。查海遗址出土了大量带有锔孔的陶器，观察可见，钻孔均在破损处的两侧，有两孔、3孔和4孔，这是查海先民对破损陶器修补的锔孔。当时的“锔子”并非金属，而是当地生长的苘麻，利用苘麻绳在两个孔之间来回“缝补”，直至麻绳填满孔洞，破损陶器也就获得了新生再利用。查海时代生产力低下，理应珍惜这些陶器，这之中蕴含着历史价值和文化信息，更是艰苦朴素、勤俭节约的中华优秀传统美德的渊源体现。

直腹罐 H11:12

直腹罐 H25:1

直腹罐 F52:12

直腹罐 F7:11

查海遗址出土的带锔孔的陶器

匠心独具的石器

石器是新石器时代人们日常生产和生活不可缺少的重要用品，它在数量多少，种类、石料的选择，造型的使用和制作水平等方面，都能反映出某一文化当时社会生产力和生产关系的发展水平，同时也能反映出某一考古学文化的内涵特征。查海聚落遗址中出土的石器数量非常多，主要出土于房址内，虽然每座房址出土的石器数量多寡不一，但种类比较齐全。从室内出土的石器来看，大多数石器皆随意零散放置在室内的四周，靠近穴壁。值得注意的是，有些房址的灶穴底部用石器铺垫，只有个别特殊石器有它固定的放置位置，较完整的石磨盘、石磨棒成组在一起。这些现象表明，在查海文化时期，石器不仅是当时人们生产和生活中非常重要的用品，同时也反映出石器加工已经相当成熟和普及化了。

石器的种类

查海遗址石制品主要分为大型石器和细石器两大类。

大型石器按照在农业生产、生活中的功能及用途，分为砍挖工具、加工工具、敲砸器和其他用途工具。

砍挖工具

包括石铲、石斧、石凿、石刀。

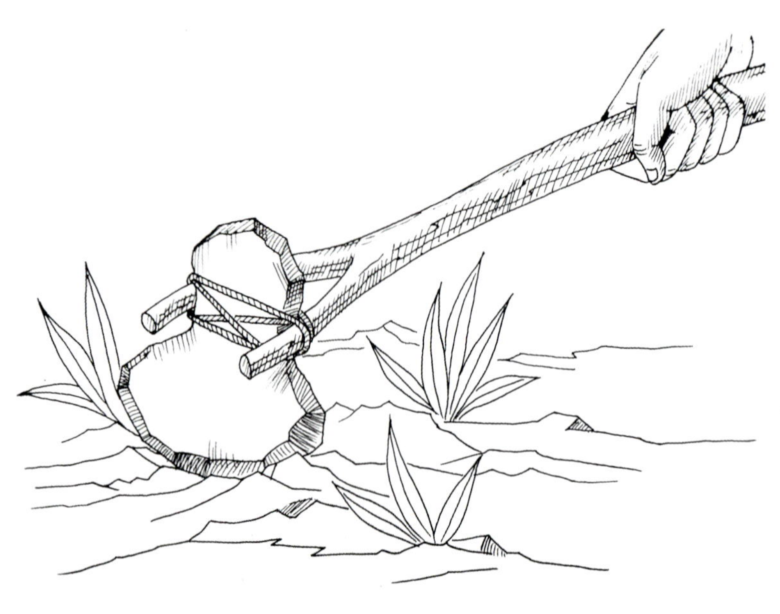

石铲使用示意图

石铲是查海遗址最具特色的典型石器，数量多，样式多，通体打制，刃部有明显的使用痕迹，有的已经断裂。双孔圆盘状石铲上有左右对称、大小规范的圆或椭圆形的对钻双孔，除此外的都为束腰石铲，因束腰程度不同显现不同的特点。

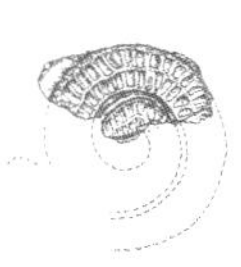

石铲

标本编号 F1:53，黑灰色页岩，打制，周边较薄，扇形体，柄端圆弧，束腰，铲身椭圆，一面琢击痕迹明显，正锋，弧刃，通长 15.2 厘米，肩宽 7.41 厘米，刃宽 14 厘米，厚 1.38 厘米。

石铲

标本编号采 :12，打制，束腰，长 17.6 厘米，刃宽 14.2 厘米，厚 1.9 厘米。

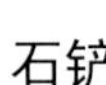

石铲

标本编号 F2:35，深灰色页岩，打制，扁体长条形，长直柄，斜弧刃，刃锋宽厚，一面有明显的使用磨痕，柄部及铲身各对钻一圆形穿孔，长 24.7 厘米，顶宽 7.9 厘米，刃宽 13.2 厘米，厚 1.8 厘米，孔径 1.5 ~ 1.7 厘米。

石铲

标本编号 F6:14，灰色泥质页岩，打制，短柄，束腰，长弧刃，刃部有明显使用痕迹，长 18.7 厘米，柄宽 13.4 厘米，刃宽 34.3 厘米，厚 1.1 ~ 3 厘米。

石铲

标本编号 F6:2，深灰色页岩，打制，扁平体，呈异形束腰铲弧刃，刃部宽厚，双面有明显的使用磨痕，一面磨痕较重，长 21.2 厘米，顶宽 10 厘米，刃宽 19.6 厘米，厚 1.6 厘米，孔长 2.2 厘米，孔宽 1.1 厘米。

石铲

标本编号 F9:8，局部残，花岗岩，打制，直柄短宽，双肩斜平，短身长刃，刃中部用凹，有崩疤，通长 14.5 厘米，刃宽 18 厘米，厚 3.1 厘米。

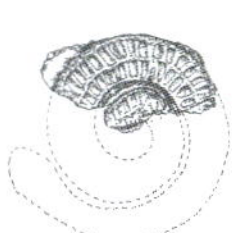

石铲

标本编号 F23:18，深灰色页岩，打制，扁平体，束腰上凿痕明显，小圆柄，厚弧刃，单面有明显的使用磨痕，长 16.3 厘米，柄宽 6.7 厘米，刃宽 22. 7 厘米，厚 2.1 厘米。

石铲

标本编号 F36:97，浅灰色石灰岩，正面凹、背面凸，长直柄，圆身，长 21.3 厘米，刃宽 11.5 厘米，厚 2.8 厘米。

石铲

标本编号 F41 ① :4，红褐色页岩，打制，扁平体，弧顶，直柄，斜肩，束腰不显，弧刃，刃部两侧使用磨痕明显，长 14.5 厘米，刃宽 14 厘米，厚 1.8 厘米。

石铲

标本编号 F30:134，黄灰色页岩，打制，扁平体，“凸”字形，束腰，弧刃，刃中部使用呈凹状，长 19.1 厘米，刃宽 23.5 厘米，厚 2.66 厘米。

石铲

标本编号 F48:55，深灰色页岩，打制，扁平体，束腰，弧刃，正锋，刃部一面使用明显，长 15.9 厘米，刃宽 21.06 厘米，腰宽 8.9 厘米，厚 1.8 厘米。

石铲

标本编号 F50:22，浅灰色石灰岩，打制，扁体，束腰，弧刃，正锋，刃部有崩疤，通长 18.17 厘米，刃宽 20.33 厘米，厚 2.5 厘米。

石铲

标本编号 T0401 ②:1，淡红色花岗岩质，体大，打制，束腰，椭圆柄，扇状铲身，弧刃或直刃，刃部一面磨痕明显，器长 25.6 厘米，刃宽 22.8 厘米。

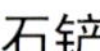

石铲

标本编号 T0402 ②:1，深灰色页岩，打制，扁平体，束腰存有明显的穿孔对钻痕迹，弧刃，刃部宽厚，双面有明显的使用磨痕，一面磨痕较重，长 19.6 厘米，顶宽 13.2 厘米，刃宽 20 厘米，厚 1.6 厘米。

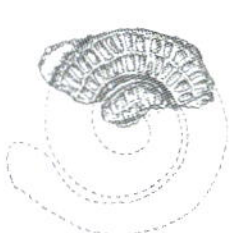

双孔盘状石铲

标本编号 F6:3，深灰色页岩，打制，扁体圆盘状，对凿椭圆形双孔，弧刃，刃部宽厚，一面磨痕明显，长 19.5 厘米，刃宽 19.3 厘米，厚 1.6 厘米，孔长 2.2 厘米，孔宽 1.1 厘米。

双孔盘状石铲

标本编号 F54:43，黑色泥质岩，打制，短柄，柄端圆弧，铲身短宽，一端残断，中部对凿双孔，弧刃，刃部一侧磨痕较明显，长 20.1 厘米，宽 13.2 厘米，厚 2.3 厘米。

双孔盘状石铲

标本编号 F7:17，黑色泥质岩，上部残缺，中部钻双孔，长 20.1 厘米，宽 13.2 厘米，厚 2.3 厘米。

双孔盘状石铲

标本编号F33:55,深灰色页岩,打制,圆盘状,对琢磨椭圆形双孔,弧刃,刃部经修磨,一面磨痕明显,长21.4厘米,刃宽15.5厘米,厚2.6厘米。

双孔盘状石铲

标本编号F33:59,深灰色页岩,打制,圆盘状,对琢磨椭圆形双孔,弧刃,刃部经修磨,一面磨痕明显,长19.3厘米,刃宽19.36厘米,厚2.3厘米。

双孔盘状石铲

标本编号F33:58,深灰色页岩,打制,圆盘状,对琢磨椭圆形双孔,弧刃,刃部经修磨,一面磨痕明显,长17厘米,刃宽20.2厘米,厚2.1厘米。

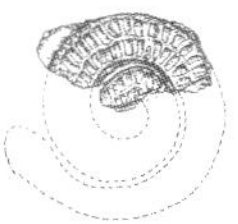

双孔盘状石铲

标本编号 F43:70，深灰色泥质页岩，打制，扁平体，近方形，顶部残，琢出长圆双孔，平刃，一面使用磨痕明显，残长 14.5 厘米，刃宽 17.5 厘米，厚 1.5 厘米。

双孔盘状石铲

标本编号 T0509 ② :1，深灰色页岩，打制，扁体圆盘状，残，器身有 3 个对凿圆穿孔，三角形布孔，一孔残，弧刃，刃部宽厚，双面有明显的使用磨痕，残长 15.7 厘米，刃宽 26.2 厘米，厚 1.7 厘米，孔径 1.5 厘米。

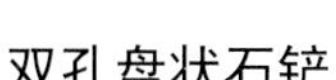

双孔盘状石铲

标本编号 F49:42，深灰色页岩，打制，圆盘状，对凿椭圆形双孔，弧刃，刃部经修磨，一面磨痕明显，长 20.67 厘米，刃宽 17.73 厘米，厚 0.6 ~ 2.1 厘米。

石斧分为扁圆宽体、窄体和扁平长体3种类型，形状、大小不一，皆正锋刃，刃锋利，刃部弧形，有的刃部和顶端有明显的使用崩痕。

石斧分为打制和磨制两种，打制的石料主要是深灰色页岩；磨制的均为通体磨光，一般两侧隐现平棱，制作精美，质料主要是黑色油质岩、灰白色花岗岩。

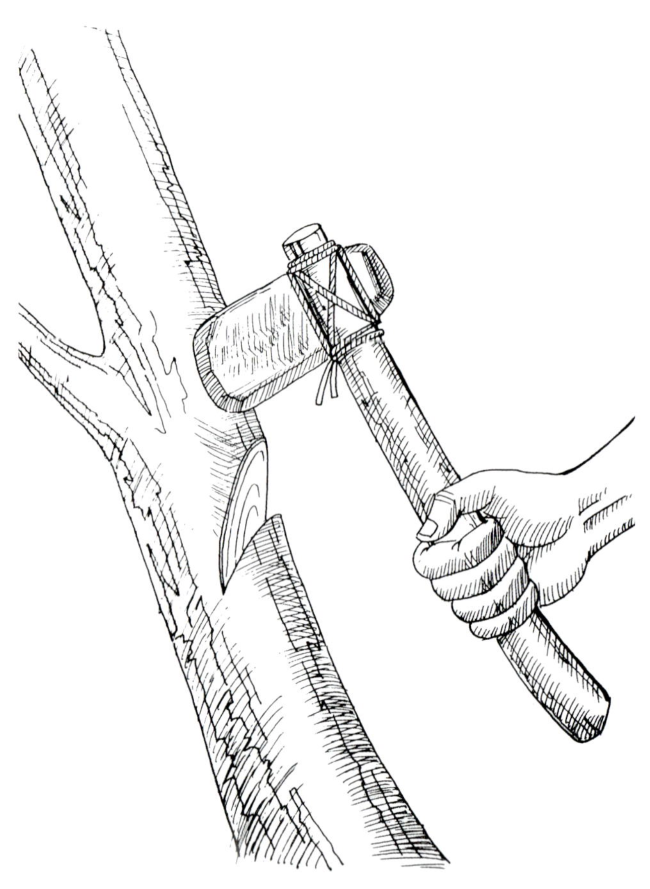

石斧使用示意图

打制石斧

标本编号F47:27，棕红色玄武岩，打制，椭圆柱体，弧顶，弧刃，正锋，刃部有崩疤，长28.74厘米，刃宽11.31厘米，厚7.6厘米。

打制石斧

标本编号F14:37，黑色页岩，打制，扁长体，正锋，弧刃，长9.4厘米，宽2.86厘米，厚0.93厘米。

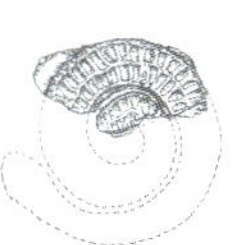

磨制石斧

标本编号F2:33，灰白色花岗岩，磨制，长扁圆体，正锋，弧刃，顶端崩痕明显，长10.1厘米，刃宽5.4厘米，厚2.5厘米。

磨制石斧

标本编号F14:39，灰色泥质岩，磨制，扁长体，正锋，弧刃，长9.48厘米，宽3.18厘米，厚1.35厘米。

磨制石斧

标本编号F54:36，青色页岩，磨制，通体光滑，侧棱明显，顶部有打击痕迹，正锋，弧刃，刃部一角有破碴，长7.2厘米，宽6.2厘米，厚2.2厘米。

磨制石斧

标本编号 F30:49，浅灰色花岗岩，磨制，长扁圆体，两侧隐现平棱，正锋，弧刃，刃部有使用崩痕，长 15.85 厘米，刃宽 5.9 厘米，厚 3 厘米。

磨制石斧

46 号房址出土，标本编号 F46:34，棕红色石灰岩，磨制，扁平体，长条形，尖顶，弧刃，正锋，有崩痕，长 15.52 厘米，刃宽 7.72 厘米，厚 2.8 厘米。

磨制石斧

标本编号 F45 ① :7，深灰色页岩，稍残，形体扁平，通体磨制，弧顶，弧刃，正锋，侧棱圆滑，刃部有崩疤，长 9.85 厘米，刃宽 6.1 厘米，厚 5 厘米。

磨制石斧

标本编号 F27:51，浅灰色石灰岩，磨制，扁平体，长 13.1 厘米，宽 7.1 厘米，厚 2.9 厘米。

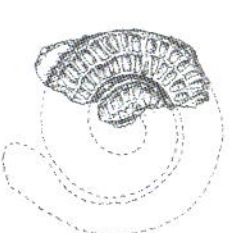

石凿，制作比较精美，器型较小，通体磨光，扁平，偏锋，刃部锋利。依据形制分为窄扁平体和宽扁平体两种，一般两侧面隐现平棱，顶端和刃部使用痕迹明显。

石凿

遗址采集。标本编号采:25，灰色页岩，打制，刃部及一侧边棱磨制，顶端残断，斜弧刃，刃锋利，有崩痕，残长4.9厘米，宽2.4厘米，厚0.9厘米。

石凿

标本编号M8:22，浅灰色页岩，磨制，长方扁平体，刃锋利，长2.9厘米，刃宽1.7厘米，厚0.7厘米。

石凿

标本编号F33①:29，深灰色页岩，打磨，扁平体，两侧平棱，正锋，弧刃，长4.33厘米，刃宽0.9厘米，厚0.34厘米。

石凿

标本编号M8:20，深灰色页岩，磨制，长条形扁平体，弧刃，侧锋，锋利，顶端及刃侧一角残断，残长11厘米，刃宽2.6厘米，厚1.5厘米。

石凿

遗址采集。标本编号采:23，墨绿色，通体磨光，顶端残断，两侧平磨，圆棱角，斜直刃，刃锋利，有崩痕，残长3.4厘米，顶部残宽1.6厘米，刃宽1.4厘米，厚0.7厘米。

石刀多为石斧和石铲残器二次打磨加工而成，刃部使用痕迹明显，另有少数直接使用自然的石块，石质多为深灰色页岩。

石刀

标本编号F39:108，黄灰色页岩，打制，长椭圆形，形体扁平，周边刃，长24厘米，宽9.6厘米，厚0.4厘米。

石刀

标本编号F33:64，深灰色页岩，打制，刀身扁平，直背，弧刃，一面磨痕明显，有崩疤，残长11厘米，刃宽15.1厘米，厚1.5厘米。

石刀

标本编号F26:57，浅灰色石灰岩，薄石片，有崩痕，长11.71厘米，刃宽17厘米，厚1.1厘米。

石刀

标本编号 F2:1，灰色页岩，打制，直背，弧刃，剖面三棱形，刃部崩疤明显，长 20 厘米，宽 6.5 厘米，背厚 2.2 厘米。

加工工具

加工工具包括石磨盘、石磨棒、沟槽器、敲砸器、石钻、细石器等。

石磨盘和石磨棒的主要用途是将谷物去皮成米，也可将谷物磨成面粉或磨碎干果等，二者组合使用。磨盘共计 139 件，琢磨而成，扁体圆角长方形，底面四周缘圆弧，磨面因长时间使用下凹而两端上翘。磨棒 170 件，皆是圆柱体，因长时间使用形成 4 ～ 6 个磨面。

磨盘和磨棒组合使用示意图

有的磨棒是磨和杵两用，依使用后的形状分为圆柱体、方柱体、多棱体和椭圆体 4 个类型。较完整的石磨盘、石磨棒成组在一起。这些现象表明在查海文化时期，石器不仅是当时人们生产和生活中非常重要的用品，同时也反映出石器的加工已经相当成熟和普及化了。

石磨盘

遗址地层采集。标本编号 T0402②:2，花岗岩，琢制，扁体，凹磨面。完整 1 件，圆角长方形，长 43.4 厘米，宽 28.6 厘米，厚 8.5 厘米。

石磨盘

标本编号 F20:9，腰部稍残，黄灰色花岗岩，琢制，椭圆形，弧背，翘端，凹磨面，长 51.4 厘米，宽 26 厘米，厚 2.7 ~ 6.3 厘米。

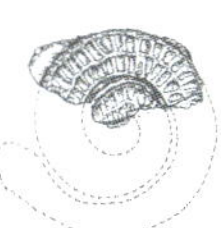

沟槽器是用浅灰色云母变质岩磨制而成，呈扁平体，圆角长方形，两侧平棱，一面有1～3道凹槽，有的一端有系孔。

沟槽器

标本编号M8:5，褐色页岩，磨制，椭圆形，器身光滑，棱角不显，一面有两道沟槽，槽底有使用痕迹，宽端与近宽端沟槽间隙刻画网格纹，长7.8厘米，宽4.2厘米，厚1.6厘米，槽宽1厘米，槽深0.4厘米。

沟槽器

标本编号F40①:6，浅灰色页岩，长方形圆角扁平体，磨制，正面有两道沟槽，两沟槽间有3道划痕，长6厘米，宽3厘米，厚1厘米。

沟槽器

标本编号F50:42，残块，灰色变质云母岩，磨制，扁体，长方形，两侧平棱，器面有两道凹槽，其中一道残，残长5.67厘米，宽4.26厘米，厚1.4厘米，沟槽宽1.1厘米，槽深1厘米。

沟槽器

标本编号F26:41，浅灰色云母变质岩，磨制，扁平体，圆角长方形，两侧平棱，一端有系孔，器身一面有两道沟槽，长8.5厘米，宽4.9厘米，厚2.5厘米。

沟槽器

标本编号 F21:44，浅灰色滑石，磨制，扁平长方形，小圆角，两侧平棱，一面有 3 道凹槽，长 5.2 厘米，宽 2 厘米，厚 1.4 厘米，凹槽宽 0.4 厘米。

敲砸器是遗址出土数量最多的一种器物，多选用多棱角圆形、椭圆形石英岩质的自然石块，不经加工，直接使用，砸击点痕迹多集中在棱角处。按敲砸使用部位侧重点不同，可归纳为尖端敲击、两端敲击、周缘敲击和棱角敲击。

敲砸器

标本编号 F16:72，石英岩自然石块，灰色，椭圆形多棱体，棱角处有敲砸痕迹，长 7 厘米，宽 3.8 厘米，厚 3 厘米。

敲砸器

标本编号 F46:105，灰色石英岩，近球体，敲砸使用痕迹在周边棱角处，直径 5 厘米。

敲砸器

标本编号 F27:56，石英岩自然石块，浅灰色，三棱尖锥体，使用痕迹在一端尖角处，长 5.8 厘米，宽 5.7 厘米，厚 5.2 厘米。

敲砸器

标本编号 F17:11，自然石块，浅灰色石英岩，圆形多棱体，长 7.33 厘米，宽 6.13 厘米，厚 5.6 厘米。

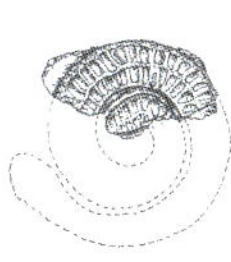

石钻是用石头制作的钻头，一般体较小，尖部呈圆锥状，使用痕迹明显。

石钻

标本编号 T0502②:12，木变石，长条状，圆磨尖，较光滑，长 4.4 厘米，宽 0.92 厘米，厚 0.6 厘米。

石钻

采集。标本编号采 :24，长条木化石，圆尖，较光滑，残长 4.6 厘米，宽 1 厘米，厚 0.6 厘米。

石钻

标本编号 F14:33，浅黄色木化石，打制，扁平，圆尖，长 3.2 厘米，宽 1.1 厘米，厚 0.5 厘米。

石钻

采集。标本编号采 :27，长条木化石，圆尖，较光滑，长 6.4 厘米，宽 1 厘米，厚 0.6 厘米。

石钻

标本编号 T0408②:1，青色页岩，体较小，尖部呈圆锥状，残，圆滑凸状头，残长 8.2 厘米，宽 3.9 厘米，厚 2 厘米。

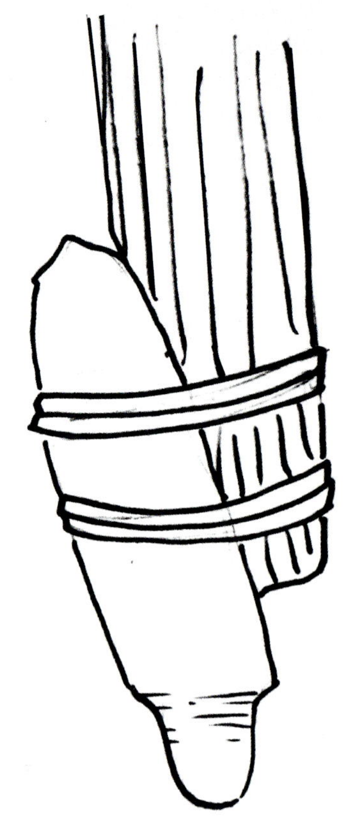

石钻使用示意图

细石器是我国北方较为流行的一种细石器文化，查海遗址是较为重要的文化遗址之一。查海遗址细石器包括石核和加工打击剥落下来的石叶，质料选择多为沉积岩、燧石、玛瑙，均压削、打制，台面、打击点、疤痕、波状线、放射线清晰。器型主要有石核、石叶、刮削器、小尖状器及石镞。

细石器文化

旧石器时代晚期出现，盛行于中石器时代，用打、压等方法制作细石核、细石叶及其加工品，细石器文化是以使用这种形状细小的打制石器为标志的人类物质文化发展类型。

细石器长度一般为 2～3 厘米，常见器型有石叶、石镞、小石刀、石片等，可作石钻或刮削器，也可镶嵌在骨梗、木柄上作复合工具使用。

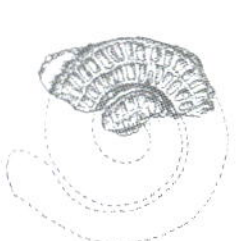

石核

遗址地层出土。标本编号 T0801 ② :17，青灰色页岩，长 2.8 厘米，宽 1.5 厘米，厚 1.1 厘米。

石核

标本编号 F9:23，灰色页岩，棱锥状，台面多边形，压削面清晰，长 3.1 厘米，宽 1.6 厘米，厚 1.4 厘米。

石核

标本编号 F27:96，青灰色沉积岩，尖锥状，压削面清晰，长 3.1 厘米，宽 1.5 厘米，厚 0.65 厘米。

石核

标本编号 F14:38，青灰色燧石，锥柱状，压削面清晰，长 3.34 厘米，宽 2.52 厘米，厚 1.66 厘米。

玛瑙细石器

不解之谜

查海聚落房址内出土了大量的陶器、石器等生产、生活用具，或规律或随意地摆放在室内四周，就像人们当时生活时使用的情景，似乎人们刚刚离去。如果人们是另辟家园，那么一定会携带而去，因此，这些器物为何被留下来成了查海的一个不解之谜。是天灾还是人祸让查海人舍弃这些宝贵的财富匆忙离开，是值得我们追寻探讨的课题。

石器的制作方法和来源

查海石器制作和使用体现了当时的生产力发展水平。查海人已经掌握了不同岩石的物理特征，有选择地选取石料，采用不同的制作方法制造不同的石器。石器制作的方法基本是打、压、琢、磨、钻，技术成熟、专业。

石器制作方法	
铲形石器	石料为灰色页岩、黑灰色页岩、绿色细砂岩、浅红褐色花岗岩等。制作方法为通体打制，有的还采用对钻技术钻有标准的圆形或椭圆形左右对称的双孔。不同形制的束腰石铲都薄厚均匀，柄、肩和身左右对称，美观实用
石斧	石料为灰色页岩、灰白色花岗岩等。制作方法为打制和磨制两种，打制石斧有的虽周身经过简单磨制，但留有打制留下的凹痕，刃部磨制得锋利；磨制的石斧通体磨光，有的侧面有平棱。石斧虽大小不一，但尺寸大小匀称，弧形刃部磨制得都非常锋利，有的刃部和顶部有较大的使用崩痕
石凿	石料为黑灰色油质岩、浅灰色泥质页岩、细壁角斑质页岩等。制作方法均为磨制，通体磨光，器身较石斧窄、扁、长、小，刃部磨制得比较锋利。一般侧面隐现平棱，顶部和刃部使用痕迹明显
石磨盘和石磨棒	磨盘器型较大，磨棒较长，石料选用的均是浅黄色花岗岩。磨盘制作：一种是经磨制而成，选取长方形扁体石料，将宽边两侧磨成圆弧，底面四周缘圆弧，磨面两端上翘；一种是采用天然的近长方形石板，将一面磨平使用。磨棒为磨制的长圆柱体、短圆柱体、长方柱体、长多棱柱体、椭圆体等
细石器	选料多为玛瑙、燧石、沉积岩，由石核经过打制、压制、压削、点打击等制作方法，石叶剥落后留下清晰的波状线、放射线等

查海遗址制作各种石器的石料来源

海棠山页岩层

通过多年来对查海遗址周边的野外考察可知，查海先民制作石器的石料有一部分采自遗址附近山涧、河谷的花岗岩、石英岩、玛瑙等，还有采自河滩的石英岩、砾石。灰色页岩、黑灰色页岩、绿色细砂岩、浅红褐色花岗岩等制作大型石铲的石料，是查海先民采自距离遗址西南20余千米的海棠山的磨盘沟，这里出产大量的片状石材，易于制作此类石质工具。查海先民顺着部落西边向南流淌的河流形成的河谷，很容易就能到达这里采集石料。

查海遗址大量石器、陶器、窖穴的出土表明，查海已经进入原始锄（铲）耕阶段，原始农业已经是重要的产业。查海先民春天开荒用石斧将杂草树木砍掉，用石铲翻土播种粟（谷子），夏天用石铲锄草，秋天用石刀收割，将这些收获的粮食用陶罐盛装或窖穴存储，农闲和冬天时他们用磨盘、磨棒加工粮食，用陶罐炊煮食用，真正是农业生产的春种、夏锄、秋收、冬储，进入农业生产性经济为主，渔猎、采集等攫取性经济为辅的农业发展繁荣阶段。

遗址附近河道的石料　　现代人用遗址附近河道的石料打制的石铲

查海人的食物 动物和植物遗存

查海遗址出土了大量的动物遗骨和植物碳化物，通过对这些数量众多遗存的分析研究，我们可以想象当时查海先民的食物来源。这些遗迹从侧面反映了查海先民的农业状况，以及聚落的生产、生活状况。

爱吃猪肉的查海人

山东大学东方考古研究中心和辽宁省文物考古研究所对查海遗址动物遗存部分标本编号进行了整理和鉴定，标本编号主要是 1992 年、1993 年和 1994 年 3 次发掘获得的动物遗存。全部标本编号 900 件，全是哺乳动物遗存，其中可鉴定标本编号 759 件，主要是通过

F6 出土的猪臼齿

F36 出土的猪牙齿

F3 出土的鹿科臼齿和猪属牙齿

F6 出土的牛科下颌臼齿

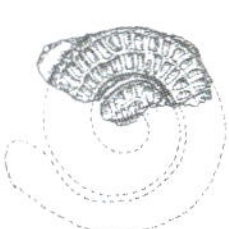

动物牙齿和残碎骨骼来鉴定动物的种属。已经鉴定出的动物种属猪科共计482件标本编号，有猪、鹿、马和牛等，代表了至少11个不同年龄段的动物个体。根据对查海遗址出土动物遗骨数量最多的482件猪骨的鉴定与分析发现,死亡的猪以成年猪为主,2岁以上的约占一半，1～2岁的约占一半，未见1岁以下的幼年个体。从死亡的年龄结构上看，查海遗址出土的猪骨以成年猪为主。从房址出土的大量猪骨看，猪应是查海人主要的肉食来源。作为祭祀用的灰坑内也出土了大量火烧过的猪骨，猪在宗教祭祀时应是有特定意义的祭祀品。总之，查海人在生活中与猪关系密切，又表现出特殊性，综合因素分析，此时的猪应是经人工饲养的家猪，它不仅是先民主要的肉食来源，还是宗教祭祀的主要祭品之一。

鹿科左侧距骨（T0509:2）

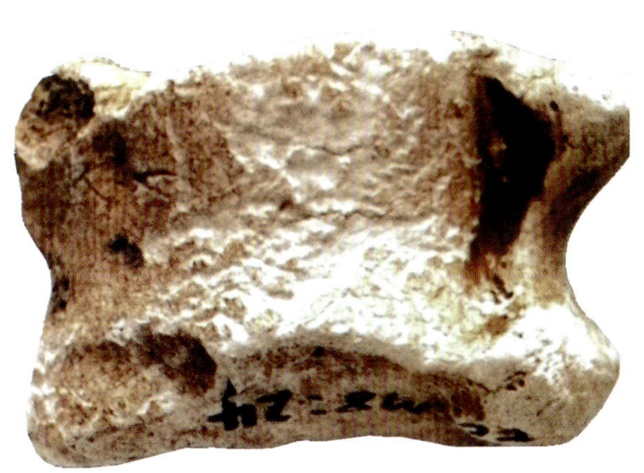

M8出土的鹿科左侧距骨

F20灶内烧烤过的猪头骨

20号房址（F20）位于遗址中部，东北侧为中心墓地，平面呈圆角长方形，南北宽4.3米，东西长4.75米，中心垂直深度0.5米，面积20.4平方米，是一座小型半地穴式房址。房址挖凿于黄褐色生土层及基岩层内，东壁稍外弧，其他三壁较直，壁面斜平，略有修整。室内居住面为坚硬的黑灰色垫踏土，较平整。灶址位于室内中部偏北，不规则圆形坑穴式灶，灶口与居住面齐平。灶址口径0.74米，深0.1米，灶内抹泥厚0.03～0.05米。灶体呈暗红色，清理出烧烤过的猪头骨、陶片等。

谷物和野果

2010 年，山东大学第四纪环境与考古实验室对查海遗址 1993 年发掘采集的木炭、碳化种子、果实植物标本编号进行了种属鉴定和分析，为研究遗址的植被环境和人类植物种植的方式提供了重要的科学实验证据。

木炭标本鉴定结果发现为 4 种，主要为麻栎属、榆树属、桦木属、朴树属，还有 3 种未知的阔叶树。

种子和果实标本鉴定结果发现了 10 种植物的果实和种子，有山杏内果皮及种子、榛子的果壳、豆科种子、禾本科大狗尾草、狗尾草和马唐属的颖果等。

禾本科大狗尾草

禾本科狗尾草属的一种植物，古称粟，一年生草本。谷穗一般成熟后为金黄色，粒小，多为黄色，去皮后俗称小米，是中国北方主要的旱地粮食作物。

F26 出土的碳化杏核

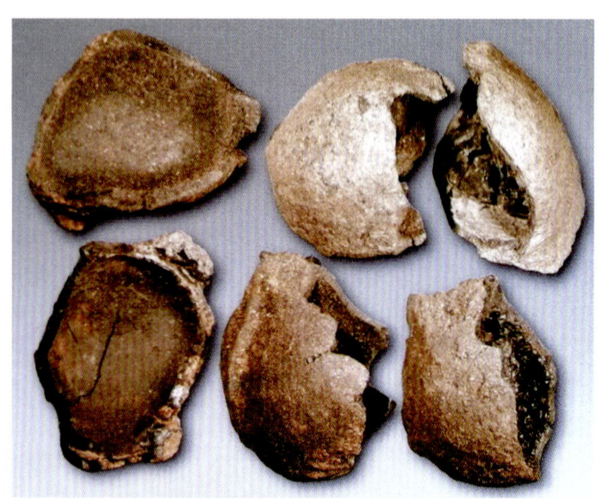

F26 出土的山杏核

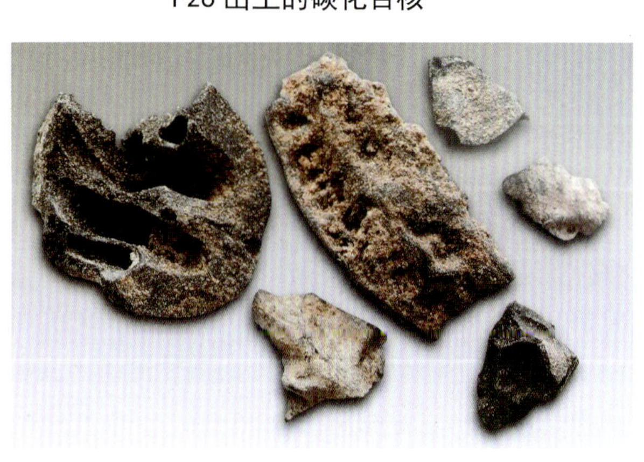

F51 出土的碳化山核桃

F51 出土的胡桃属内果皮碎片

F49 出土的豆科种子

F49 出土的大叶狗尾草颖果

F49 出土的马唐属颖果

查海遗址出土的大量动物遗骨，经鉴定其中猪骨占多数，并且已经具有了家猪的一些特点，应是主要肉食来源。查海遗址出土的碳化植物种子和果实种类较多，都是可以作为食物的植物类型，反映出当时查海先民植物性食物来源是比较丰富的。这些动植物遗存表明，查海时代已经处于农业萌芽时期，与之密切相关的食物类型、食物资源丰富。

通过查海遗址及其周围考古出土的植物遗存鉴定结果可知，距今7000年前后，查海周围普遍生长着包括麻栎属、桦木属、杨属、榆树属、朴树属在内的阔叶树属，反映出当时气候比现在温暖湿润。中国全新世气候变迁研究也显示了相似的趋势。根据发掘的查海遗址聚落考古资料证实，8000年前在这块土地上，良好的生态环境和气候条件使查海原始农耕经济出现并逐渐繁荣，查海先民已经开始了植物栽培和动物驯化。

查海谷子

第三章

玉成查海 德礼初现

中国人是崇玉尚玉的民族，查海玉器表明早在8000年前，原始先民就掌握了高难度的攻玉技术，已经认识、加工、使用真玉器。查海玉器有其自身独特的文化内涵，它的许多特点和自身发展轨迹对于探讨中国玉器起源、原始功用及其玉文化传播具有重要的价值。查海玉器是我国史前玉文化研究和中华文明探源的重要物资和精神载体，是中华文明起源独特的文化标识。

玉、玉石和玉器

玉是在历史上长期被用来琢磨玉器的那些质密、色美、物稀、贵重的材料和玉器的总称，是包含天然自然属性、人工自然属性和社会文化属性的美石和玉器。

玉石

《中国大百科全书》对玉石的定义为："自然界中颜色美观、质地细腻坚韧、光泽柔润，由单一矿物或多种矿物组成的岩石，如绿松石、芙蓉石、青金石、欧泊、玛瑙、玉髓、石英岩等。"狭义专指硬玉翡翠和软玉。所以说，玉石是由一种或多种矿物组成的具有色泽艳丽、硬度较大、化学性质稳定的单晶体或集合体，包括矿物学中所称的玉石类的软玉、硬玉和宝石类，是一种自然物。

《礼记·学记》说："玉不琢，不成器。"民俗、考古和宝玉石界将玉器定义为是用玉石琢磨而成的器物或艺术品。中国传统用玉观念认为，从玉石到玉器必须经过设计、雕刻、琢磨等一系列人工制作过程，其中融入了制玉人或用玉人某种思想情感或象征意义，以玉器的材质、造型、工艺等为手段，或张扬直接，或隐晦含蓄地展现出来，完成了玉石到玉器的转变。比如，辣椒寓意红红火火；麦穗寓意岁岁平安；柿寓意事事如意；葫芦寓意福禄相伴；石榴寓意多子多福；金鱼寓意金玉满堂；雄鸡寓意吉祥如意；壁虎寓意必得幸福；蝙蝠寓意福星高照；仙鹤和松树寓意松鹤延年；两只喜鹊站立在梅花枝头寓意喜上眉梢、双喜临门；穗、瓶、鹌鹑寓意岁岁平安；寿桃寓意长寿祝福；花生寓意长生不老；竹节寓意竹报平安、节节高升，挂在胸前就是胸有成竹了。

世界第一真玉器

界定玉质是研究玉器起源的前提和基础。1989 年，查海玉器经中国地质科学院地质研究所鉴定，得到了举世瞩目的结论："迄今，全世界已知最早的真玉器，是出土自我国早

期新石器时代遗址之一，公元前6000的辽宁阜新查海，经研究全是真玉，而且明显出自不止一块玉料，说明查海玉人鉴别玉料已达到相当高的水平，已经脱离用玉初期真假玉混杂鉴别不清的阶段。”

真玉

玉有真假。假玉如珉、砆、碈等，这些似玉非玉的石头通称彩石，古代又称为采石；真玉是现代矿物学与宝玉石学的国际通用概念，是指仅包含两种链状硅酸盐单斜晶系的辉闪石矿物集合体。真玉又分为软玉和硬玉：软玉是指闪石类中透闪石、阳起石等系列具有宝石价值的硅酸盐矿物；硬玉是辉石族钠辉石组的一个矿物品种，是具有宝石学价值的硬玉矿物集合体，我们俗称的“翡翠”就属于硬玉。

查海玉器全部是透闪石、阳起石软玉，即真玉，可见查海人当时已经熟练掌握了对软玉的识别、加工和使用。查海人识别真玉之早，能力之强，充分证明查海遗址是我国远古玉器的起源中心。

所以，距今8000年的查海玉器，是迄今为止全世界考古发掘发现的人类识别、制作、使用最早的真玉器，被称为“世界第一真玉器”。

查海玉器

查海遗址是我国北方一处重要的新石器时代文化遗存，考古发掘出土了人类加工和使用最早的真玉器，是我国博大精深玉文化重要的发源地。在查海遗址已发掘的文化堆积层、房址、居室墓、祭祀坑等遗迹内，共出土玉器 44 件。这些玉器依造型不同，可分为两部分：玉制工具 14 件，分别是玉斧 7 件、玉凿 7 件；装饰品 27 件，分别是玉玦 7 件、玉匕 13 件、玉管 6 件、小玉环 1 件。还有玉器残片 2 件、小玉料 1 块。

以玉为器——玉质工具

玉斧

查海遗址共出土玉斧 7 件，通体磨光，宽扁圆体，弧刃，刃锋利。只有 F27 ①:6 为浅绿色，其余皆为乳白色。

玉斧

查海遗址发现的最大的玉斧。标本编号 F17：33，通体磨制，呈乳白色，扁长方体，上端部残缺，侧面微弧，一侧棱角分明，一面侧身有切割沟痕，另外一刃角残缺，经修磨，弧刃，正锋，刃锋利，有崩疤，残长 7 厘米，宽 6 厘米，厚 2 厘米。

玉斧

地层采集。标本编号 T0609 ② :1，乳白色，磨制，近梯形，上端残破，有崩疤，弧刃，正锋，长 4.2 厘米，刃宽 2.8 厘米，厚 0.9 厘米。

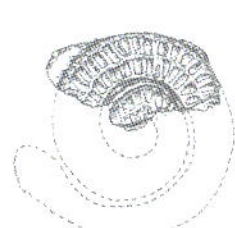

玉斧

标本编号F27①:6，浅绿色，通体磨光，扁圆梯形，顶端有崩疤，两侧平磨圆棱角，小斜弧刃，正锋，刃锋利，长4.7厘米，顶宽1.9厘米，刃宽2.9厘米，厚1.2厘米。

玉斧

标本编号F18:32，乳白色，通体磨光，扁圆宽体，顶端圆角，两侧略显棱角，正锋，弧刃，刃锋利，有崩疤，长6.8厘米，顶宽4.9厘米，刃宽6厘米，厚1.8厘米。

玉斧

查海遗址发现的最小的玉斧，地层采集。标本编号采:34，呈乳白色，通体磨制光润，扁平长条形，上端两角残缺，两侧平磨，棱角分明，略斜弧刃，正锋，刃锋利，有崩疤，残长3.9厘米，刃宽2.1厘米，厚0.6厘米。

玉凿

查海遗址共出土玉凿7件，通体磨光，器体呈窄扁体，两侧显现棱角分明，直刃或斜刃，颜色有黑绿色、乳白色、浅绿色花玉3种。

玉凿

标本编号H34:2，浅绿色，通体磨制光滑，顶端有崩痕，斜直刃，两侧棱角分明，残长4厘米，刃宽0.8厘米，上端宽0.7厘米，厚0.6厘米。

玉凿

遗址采集。标本编号采:33,乳白色,通体磨光,扁平长方体,顶端一角崩残,两侧平磨,棱角分明,弧刃,刃锋利,一角有崩痕,长5.9厘米,顶部宽1.2厘米,刃残宽1.5厘米,厚0.8厘米。

玉凿

地层采集。标本编号采:20,墨绿色,顶端残断,两侧棱角分明,一侧有切割痕迹,直刃,锋利,有崩疤,残长5.1厘米,顶部残宽1.5厘米,刃宽1.6厘米,厚0.9厘米。

玉凿

查海遗址发现的最大的玉凿。标本编号F20:10,墨绿色,通体磨光,长棱柱体,侧面平磨,棱角分明,两端刃,刃锋利,有崩疤,长6厘米,顶宽1.4厘米,刃宽1.4厘米,厚1.4厘米。

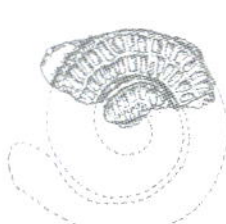

玉凿

标本编号 F46:124，灰绿色，上窄下宽，磨制光滑，一侧切割痕迹明显，斜直刃，正锋，锐利，上端崩疤明显，刃部有破碴，残长 5.1 厘米，刃宽 1.8 厘米，厚 0.9 厘米。

玉凿

查海遗址发现的最小的玉凿，地层出土。标本编号 T0411①:1，呈深绿色，通体磨制，长棱柱体，一侧切割痕迹明显，上端细，平顶，刃短粗，略偏直刃，钝锋，长 2.95 厘米，刃宽 0.37 厘米，厚 0.75 厘米。

玉凿

标本编号 F14:3，浅绿色花玉，通体磨光，扁圆梯形，顶端圆角小平面，两侧近刃端棱角分明，斜直刃，正锋，刃锋利，长 4.9 厘米，顶宽 1 厘米，刃宽 1.5 厘米，厚 1.8 厘米。

以玉为佩——玉器装饰品

《礼记·玉藻》说："古之君子必佩玉，君子无故，玉不去身。"意思是说：君子必须佩玉，如果没有重大的变故，所佩戴的玉是不能离开自己的身体的。

玉玦

查海遗址共出土玉玦7件，整体呈板状圆环形，环状带缺口，通体磨光，棱线明显，斜切口，对钻孔，缺口经过修整，颜色以乳白色为主。形状可分为环状和环状柱体两种。

查海遗址43号房址的居室墓出土了两件白色玉玦，两玦间距离很近，通体磨光。从随葬品出土的位置推断为单人墓，头北足南，这对玉玦位于墓主人头骨两侧。结合兴隆洼遗址117号居室墓，同样在人头骨两侧出土了1对玉玦；兴隆沟遗址7号居室墓，在墓主人左肩部出土1件玉玦，另有1件玉玦滑落到了右肱骨内侧。综合这些遗址玉玦出土情况可知，查海文化时代的玉玦应是一种耳饰，且是耳饰之祖，是为审美而佩戴，可能兼有显示身份、地位、等级的社会功用。

玉玦

标本编号F43:35，白色，通体磨光，棱角显著，斜切断口，对钻孔，外径3.05厘米，内径1.75厘米，厚0.5厘米，切口宽0.2厘米。

玉玦佩戴示意图

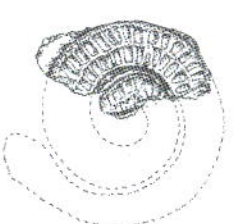

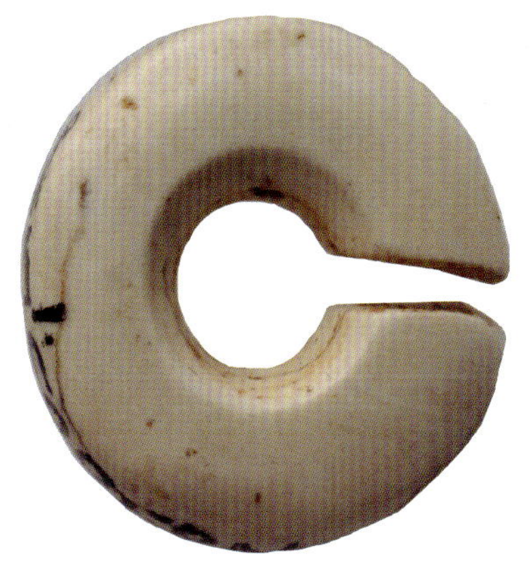

玉玦

43号房址居室墓出土。2件，皆白色，通体磨光，斜切断口，对钻孔。标本编号F43M:1，棱角显著，外径1.7厘米，内径0.6厘米，厚0.6～0.7厘米，切口宽0.2厘米；标本编号F43M:2，棱角加工圆滑，外径1.7厘米，内径0.6厘米，厚0.5厘米，切口宽0.15厘米。

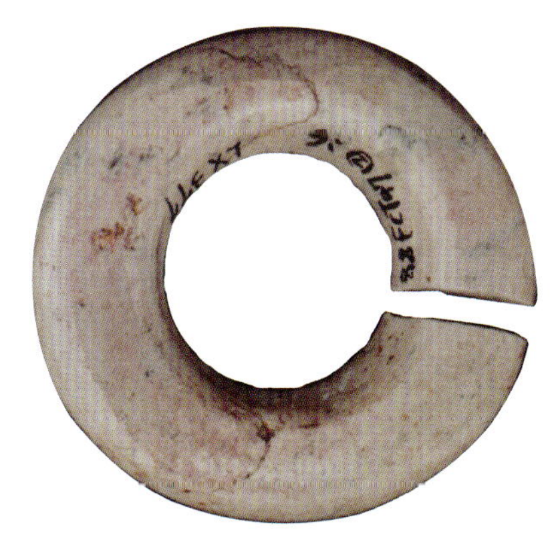

玉玦

遗址地层遗物。2件，乳白色，杂淡绿色斑，皆呈环状扁圆体，通体磨光，棱线明显，斜切开口，对钻孔。标本编号T0407②:1，外径3.8～4厘米，厚1厘米，孔径1.7厘米，切口宽0.2～0.3厘米；标本编号T0407②:6，外径3.8～4厘米，厚1.15厘米，孔径1.7厘米，切口宽0.2～0.3厘米。

玉玦

遗址地层内出土。标本编号T0505②:1，乳白色，绿斑，通体磨光，环状柱体，斜切开口，对钻孔，直径2～2.2厘米，厚1.8厘米，孔径0.6厘米。

玉匕

查海遗址共出土玉匕 13 件，皆为长扁条体，条体内凹外凸，通体磨光，上端平圆角，靠近末端正中有 1 个圆穿孔，颜色多为乳白色、浅绿色和蜡黄色。

匕：象形字，古人取食的器具。后代的羹勺由它演变而来，现今通常指匕首。

玉匕

标本编号 F54:109，白色浅绿斑，长扁条体，略内凹外弧，通体磨制光滑，上端作平直圆角，钻有 1 孔，下端作圆弧状，略向外翻翘，周边磨制圆薄，长 5.5 厘米，孔径 0.25 厘米，厚 0.4 厘米。

玉匕

标本编号 F46:123，白色透闪石，上窄下宽，长扁条体，略内凹外弧，通体磨制光滑，上端平直圆角，有 1 孔，由一侧钻透，下端作圆弧状，周边磨制圆薄，长 10.4 厘米，宽 1.4 厘米，厚 0.4 厘米，孔径 0.5 厘米。

玉匕

标本编号 F43:36，浅绿色，对钻孔，长 7 厘米，宽 1 厘米，厚 0.4 厘米。

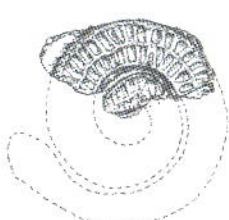

7号房址内的居室墓内清理出1颗儿童臼齿，但齿骨腐蚀严重，推测为儿童单人葬。此墓中仅仅随葬玉器，是器型单一的玉匕，但数量较多。从墓葬内的痕迹可分析出位于儿童的颈、腰和脚3个部位，分别出土了大、中、小3对共计6件玉匕。玉匕全都为长条形，通体磨光，一面内凹，另一面对称外凸，上端平直圆角，靠近顶端有一单孔，下端呈圆弧形，推断应是一种配饰。

7号房址居室墓玉匕 F7M:1～6

F7M:1，乳白色，近刃部以绿色为主，扁长条形，通体磨光，整体内凹，上端平直圆角，近顶端处有一单面钻孔，近刃部呈弧形，有细微损伤，内凹面有裂纹1道，长10厘米，宽1.38～1.64厘米，厚0.45厘米。

F7M:2，乳白色，扁长条形，一面内凹，另一面外凸呈弧形，上端平直圆角，近顶端处有一单面钻孔，刃部呈圆弧形，有细微损伤，通体磨光，长9.59厘米，宽1.68～1.93厘米，厚0.58厘米。

F7M:3，浅绿色，扁长条形，通体磨光，一面内凹，另一面外凸呈弧形，上端平直圆角，近顶端处有一单面钻孔，刃部呈圆弧形，顶部及刃部有磕伤，钻孔附近有黄褐色锈斑，长6.48厘米，宽1.11～1.28厘米，厚0.43厘米。

F7M:4，乳白色，扁长条形，通体磨光，一面内凹，另一面外凸呈弧形，上端平直，近顶端处有一单面钻孔，刃部呈圆弧形，长3.96厘米，孔径0.23厘米，厚0.1厘米。

F7M:5，乳白色，扁长条形，通体磨光，一面内凹，另一面外凸呈弧形，上端有豁口，近顶端处有一单面钻孔，刃部呈圆弧形，顶部内凹面一侧有裂纹，长2.6厘米，宽1.3厘米，孔径0.1～0.15厘米。

F7M:6，乳白色，扁长条形，通体磨光，一面内凹，另一面外凸呈弧形，上端平直，近顶端处有一单面钻孔，刃部呈圆弧形，刃部有磕伤，长3.45厘米，厚0.1厘米，孔径0.2厘米。

玉管

查海遗址共出土玉管6件，颜色为乳白色和蜡黄色两种，圆柱体，通体磨光，两端截面都不齐整，两端斜口，体正中有1道自两面对钻而成的长孔。

玉管

遗址地层出土。标本编号T0508②:11，蜡黄色，通体磨制，圆柱体，两端斜口，体长3.1厘米，直径1厘米，壁厚0.3厘米。

玉管

标本编号F43:38，乳白，管状，两端细，中间粗，两端斜切口，较规整，一端钻孔较大、较深，另一端钻孔较小、较浅，体长1.4厘米，最粗径1.3厘米，孔径0.7厘米。

玉管

标本编号F36:110，褐色，管状，两端斜切口，较规整，钻孔偏于切口相近端，体长2厘米，最粗直径1.5厘米，孔直径0.7厘米。

玉管

标本编号F41:39，乳白色，圆柱体，两端做小斜口，体长2.5厘米，直径1.4厘米，孔直径0.8厘米。

玉管

标本编号F41:38，乳白色，圆柱体，两端做小斜口，两端细，中间粗，两端斜口不规整，体长2.55厘米，最粗直径1.5厘米，孔直径0.7厘米。

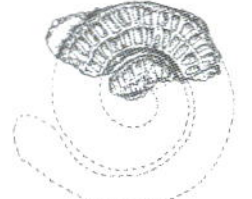

小玉环

查海遗址共出土小玉环 1 件。

小玉环

遗址地层出土。标本编号 T1110 ②:10，蜡黄色，
通体磨光，对钻孔，孔偏，直径 1.2 厘米，孔径 0.5 厘米。

查海遗址这些珍贵的玉器分别出土或采集于不同的遗迹内，出土地点比较分散，没有发现玉器加工地点和玉料废弃物。

尽管查海遗址已发现的玉器并不多，但这些极具原始、朴素之感的玉器表明查海先民对玉料已经有了非常深刻的认识，已经充分掌握了玉的特征，识玉、制玉是他们多种技能融合的智慧结晶，是当时生产力水平的最高代表，反映了查海文化的时代特征和先民的审美意识。

我国著名考古学家苏秉琦先生非常重视查海玉器的发现，他认为："查海玉器已解决了 3 个问题：一是对玉材的认识，二是对玉的专业化加工，三是对玉的专用。社会分工导致社会分化，所以是文明起步。"

查海玉器的功用

玉器作为一种考古学文化遗物，不仅具有一般文化遗物的实用性，而且具有精神内涵的特殊社会功能，一身兼有多种用途，是其他任何一种器物都无法比拟的。特别是蕴含道德和礼制思想的玉器开始进入人类的意识形态领域，使玉器的社会功能超越了使用功能而备受尊崇。查海玉器作为早期玉文化的代表，社会功能凸显，部分玉器已经具备了礼器的特征，文化内涵丰富。

玉器造型实用，具有基本实用功能属性

生产工具

有玉斧、玉凿。软玉质地坚硬，莫氏硬度为 6 ～ 6.5，用它制成玉斧、玉凿等坚硬实用的工具，在它们的上端顶部及刃口均留有不同程度的崩痕，有的刃口残缺，可见是一种经常使用的实用器。

装饰品

有玉玦、玉管、小玉环。在 43 号房址居室墓内出土 1 对玉玦，从其出土位置看应是在死者头部两侧，综合其他遗址玉玦出土地点分析，玉玦是一种耳饰。玉质本身温润光泽，颜色美丽，惹人喜爱，人们因为审美而佩戴，可能是身份等级的标志。玉管和小玉环则是用绳穿串，佩戴在身体某一部位，如脖颈、手腕、脚腕等处。

特殊用途

主要是玉匕。出土的 13 件玉器，其中有 6 件分 3 对在 7 号房址小孩居室墓内出土，分别位于死者的颈、腰和脚部。分析认为，有可能是作为一种佩饰而佩戴，也可能是一种随葬品。

由实用到审美，“德”和“礼”的社会功能凸显

一是以玉饰人的装饰、展示功能。当作配饰，玉的丽质能给人以美的感受，玉色更能体现生命力的存在。

二是以玉别人的“政治”功能。玉是部落首领、巫觋、功臣等地位、等级、权力和财

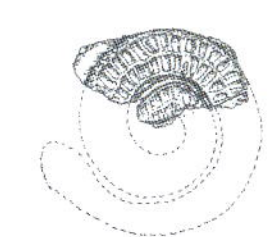

富等身份象征。

三是以玉比德的思想功能。玉本身温润光泽，惹人喜爱，代表品格高尚和真善美，更是一种吉祥物，是将玉人格化并赋予其思想道德价值的初始阶段。

四是以玉通神的宗教功能。祭祀、巫术等宗教活动场合使用具有特定意义的法器，成为原始巫术中最高深的道具，是沟通人与神的灵物。

五是以玉享祖（神）的殓葬功能。玉玦和玉匕多在特殊的居室葬出土，体现出死者特殊的身份，所以死后仍要享用，成为灵魂再生转世之物。这是一种亲情，更是原始鬼神灵魂观念的反映。

查海玉器文化特征

具有 8000 年查海文化的玉器应是中国玉文化的早期阶段，是研究查海文化社会发展、经济结构、宗教思想、风俗习惯等重要的考古学资料，可以说，查海新石器时代玉器是中国玉文化的早期阶段，是文明起源的标志，自身的文化特征明显。

查海玉器文化特征	
造型和种类	查海玉器造型朴素原始，种类不多，形体较小，题材简单，时代特征显著
制作工艺	查海玉器皆通体磨光，素面无纹饰，形制规范，已经组合使用
功用	突出了实用的使用功能。查海玉器与当时的社会、经济生活联系密切，以实用性为主，使用痕迹特征明显
玉料材质	查海玉器全是真玉，原料珍贵
时间	查海玉器重塑了中国玉文化的历史，是中国玉文化的源头
地位	查海遗址出土的玉器是中国新石器时代考古发现最早的真玉器

查海玉料的来源

关于查海遗址出土玉器原料来源的探讨，不仅是对查海先民活动时间、空间和活动线路的探寻，还是对原始先民不同聚落间交流互动、不可低估的远距离文化传播能力的认可。阜新查海遗址地处辽河水系重要支流绕阳河发源地的向阳台地上，西侧为医巫闾山山脉向北延伸到此的余脉，独特的地理环境使其成为文化交流的枢纽，既有利于文化的成长，又有利于文化的传播，据此可探究查海玉器和玉料的几种来源地和来源的途径。

迁徙携带说

查海玉器是查海先民从其他地区迁徙携带而来。曾经在某一软玉产地居住、途经，或者在其他可能性下采集、识别、加工和使用软玉，玉器已经成为其生活的一部分，所以他们会也必须随身携带着迁徙。

征战掠夺说

查海先民在与其他部落的冲突中征战掠夺而来玉器，即征战掠夺说。查海文化时代，像查海这样的氏族部落之间常会因为争夺领地、食物、人口等发生战争，胜利者就会得到诸如玉器等财富。

岫岩来源说

即从软玉产地岫岩获取，又称“贸易交换说”。因为查海人沿着绕阳河等河流即可到达岫岩，从质地、色调、光泽等方面来看，查海玉器都与岫岩透闪石玉料标本编号相近。这是目前学界比较主流的看法。一种来源方式是查海先民前去岫岩采集或与拥有软玉的部落交换而获得，另一种来源方式是岫岩软玉对外“贸易”交换到查海。软玉产地的人，或偶尔到达过软玉产地的人将玉沿河交流到查海；或是已经有了从事交换的人群——早期商人的出现。

就近取材说

查海玉器的玉料是来源于附近大凌河和西辽河流域的就近取材说，又可说是当地采集

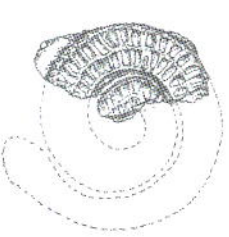

说。辽西与岫岩距离遥远，存在玉料采集和运输等诸多问题，随着在西辽河和大凌河流域红山文化遗址大量玉器以及玉器半成品和玉石原料被发现，就近取材说开始被学界认知接受。

查海玉器之美

发现玉石之美

查海人在石器的制作和改进过程中，劳动技能和造型能力也在不断进步，已经熟练地使用了磨制、打孔技术，先民将石斧通体磨光，石铲打孔，不仅仅是为了让这些工具使用方便，提高劳动效率，也是人类最初审美意识的萌发。从查海这些玉器工艺来看，当时查海先民加工、琢磨玉器的工艺成熟，极具古朴的神韵。

展现玉石之美

查海人在原始美感的引导下，开始有意识地选用玉石制作生产工具或者装饰品，还加入了为满足查海人的审美而佩戴的实用精神属性，此时真正意义上的玉器便产生了。查海先民从主观上识别了玉，也就是认识到玉与石的差别，在这个把玉石转化为玉器的技术过程中产生的意识上的认识，是从感性认识到理性认识的升华，既是玉器产生的思想渊源，也是制玉技术发展的推动力，是文明进步。

崇尚玉石之美

查海先民对玉器的实用审美渐渐加入了对玉器的崇尚审美因素，而且开始追求实用功能和审美表现的统一，也就是开始了从实用器物向纯粹审美的艺术过渡，玉器也就成为“原始艺术品”。实用的物质属性完全与审美的精神属性结合，玉文化便产生了。这是一个漫长、不断探索的艰难历程，也是基于人类自身审美观念发展的必然。

万年文明起步

查海玉玦是东北亚玦文化起源地和玦文化起源的中心，史前东亚地区从 8000 ～ 4000 年前，在中国的北方、南方、台湾地区，日本，朝鲜，越南，菲律宾等都出土有玦，存在一个玦文化圈。距离中国东北越远的地方，玦饰出现的年代越晚。

玉玦作为一种文化现象，由辽河流域8000年查海文化起源，顺着河流向外扩散传播，到达东南海岸线，再沿着海岸线传播，并在众多的河流入海口逆河流而上，传到靠近海岸线的东北亚各地，形成以查海遗址为中心的东北亚玉玦文化带。查海时代使用形成制度化和规范化的玉玦，历经8000年延续传承影响至今。著名考古学家苏秉琦先生非常重视查海玉器并提出：查海玉器的社会功能已超越一般的装饰品，附加上社会意识，成为统治者或上层人物“德”和“礼”的象征，8000年前的阜新查海地区所反映的社会发展，已到了氏族向国家进化的转折点，所以文明起步超过万年。特别是查海发现了选用真玉精制的玉器，它绝非氏族成员人人可以佩戴的一般饰物，正是从这一时期起，玉被赋予社会意识，被人格化了。没有社会分工生产不出玉器，没有社会分化也不需要礼制性的玉器，因此，辽西一带的社会分化早于中原，这是苏秉琦先生后来形成的“上万年的文明起步”理论的重要依据。

查海遗址是中国博大精深玉文化的渊源地和世界玉器起源的最早中心，中国悠久的历史中罕有一件器物像玉器一样有如此旺盛的生命力，精致的查海玉器蕴含着文明初现的时代特征，开始了中国上万年的文明起步。查海先民识别、加工和使用软玉的“查海智慧”是中国玉文化的早期阶段，充分代表了查海文化时代的生产力水平，集中体现了当时的思想意识和社会形态。玉器的使用和传播也成为中华文明起源又一个新的要素和内涵，是中华文明起源的标志，查海玉文化对辽河文明、中华文明的形成有着开端的意义。

第四章

龙源查海 文明发端

龙不仅是中华民族文明的象征，还代表了中华民族精神，是中国人尤为崇拜、敬畏的一种神物。中国人对龙、蛇和蟾蜍的崇拜渊源久远，并已深深根植于民族的思想意识当中，作为传统农耕文化的凝聚和积淀一直影响至今。龙文化的形成过程也是中华文明的形成过程，是中华优秀传统文化重要的组成部分和中华民族最具代表性的文化象征。

千变万化龙之源

龙的起源问题是龙文化研究的根本，是探索龙的本质、内涵的基础。多年来，关于龙的起源是真实物还是想象物，众多的专家、学者从民族学、历史学、考古学、文字学等方面进行了广泛的研究，但是众说纷纭，无一定论，但作为一种民族优秀传统文化现象始终为人乐道。

动物说

即说龙的原型是蛇、鳄鱼、蟒蛇、猪、大鲵、青蛙、蟾蜍、恐龙等，此类说法原型最多。

似大蛇——蟠龙纹彩陶盘

1980 年出土于山西襄汾县陶寺遗址，泥质褐陶，着黑色陶衣，盘壁斜收成平底，外壁饰隐浅绳纹，内壁磨光，以红彩或红、白彩绘出蟠龙图案，通高 8.8 厘米，口径 37 厘米。彩陶盘红边黑底，彩绘 1 条大蛇（龙）蜷曲于盘中，头和身界限不明显，露出成排牙齿，嘴中衔着 1 根谷物，尾部收缩成尖状。属于新石器时代龙山文化类型，距今约 4500 年。

蟠龙纹彩陶盘

似猪——玉猪龙

出土于辽宁凌源市牛河梁遗址，为玉雕龙。龙高 7.2 厘米，宽 5.2 厘米，肥首大耳，大眼阔嘴，吻部平齐，鼻梁上有褶皱，身体蜷曲近环形，样子如同龙与猪的结合体，因而得猪龙之名。玉猪龙属于红山文化类型，距今约 5000 年。

玉猪龙

自然现象说

当人们看到彩虹、霓雾、雷声、闪电、星宿、龙卷风等自然现象时，想象而来的龙的形象。

远古时期，人们对一些神秘的自然现象一无所知，因而会崇拜这些无法认知、最为惧怕敬畏的自然现象。因此认为龙的原始实体不是动物，而是自然现象，是彩虹、霓雾、雷声、闪电、星宿、龙卷风等，行于流云雨水之中，却又变化莫测、威力巨大。

似龙形闪电

物候现象说

原始先民进行农业生产，一年四季的农时和农事与一些物候性动物的活动相关联，蛇类、虫类、鸟类、蛙类等活动是农业生产的时间表，综合这些动物特征而形成了龙的形象。如甲骨文和金文的“龙”字就是一个弯曲虫子的形状，又似兽首蛇身之状。

汉字“龙”的演变

综合图腾说

即说龙是由蛇、猪、鹰、牛等众多部落图腾组合一体形成的，其中以蛇图腾部落最大，它先后战胜了其他部落后，以蛇为主体，选取其他部落图腾物某一部分形成新图腾——龙。

综合图腾龙

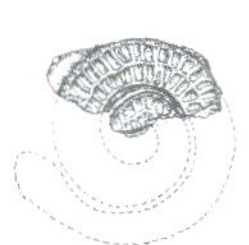

三位一体查海龙

查海文化的龙、蛇和蟾蜍崇拜是维系当时部落稳定、促进部落发展、协调部落成员间关系的精神纽带，是一种智慧和思想，表达了查海人适应自然、改造自然和战胜自然的信心和决心，隐含着原始巫术文化的丰富内容、古代人类的思维和艺术创造能力，反映了人类社会从蒙昧、野蛮走向文明的过程。查海遗址龙、蛇和蟾蜍崇拜距今年代最为久远、造型最为复杂，并且是集龙、蛇和蟾蜍崇拜三位于一体的文化类型，是这种崇拜之源。

龙鳞初始——龙纹陶片

查海遗址 23 号房址中出土了两块类龙纹陶片。标本编号 F23:26，其身直，尾部翘卷，似行状；标本编号 F23:27，其身尾团卷，似蟠状。这两块陶片不够完整，皆夹砂红褐陶贴塑泥条，浮雕手法饰窝点纹为鳞，一为蜷曲的尾部，一为盘旋的龙体，不仅在形象上，而且在鳞状纹的表现纹饰上，都已具备了中国古代龙形象的基本特征。

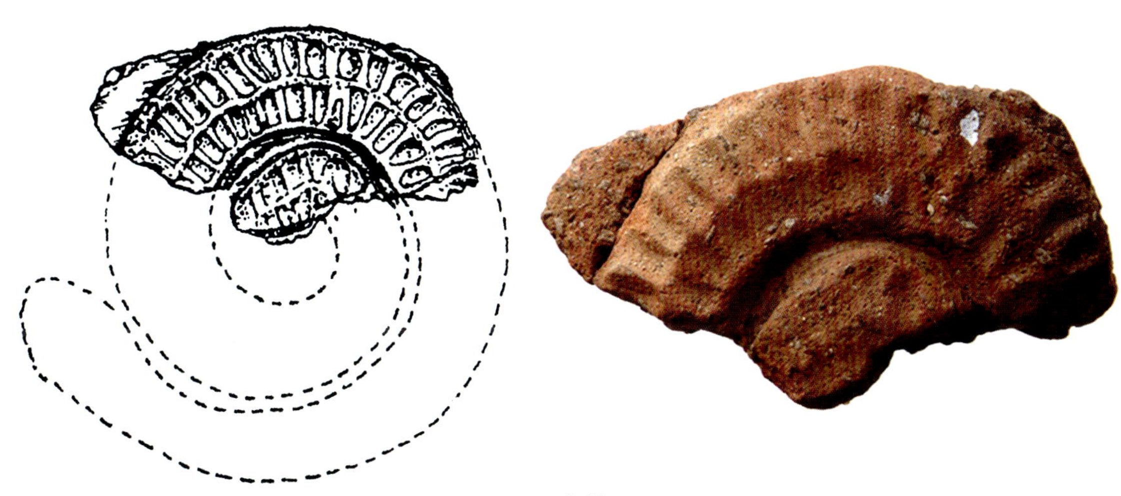

陶片

陶片残长 8 厘米，最宽 6 厘米，厚 0.7 厘米。

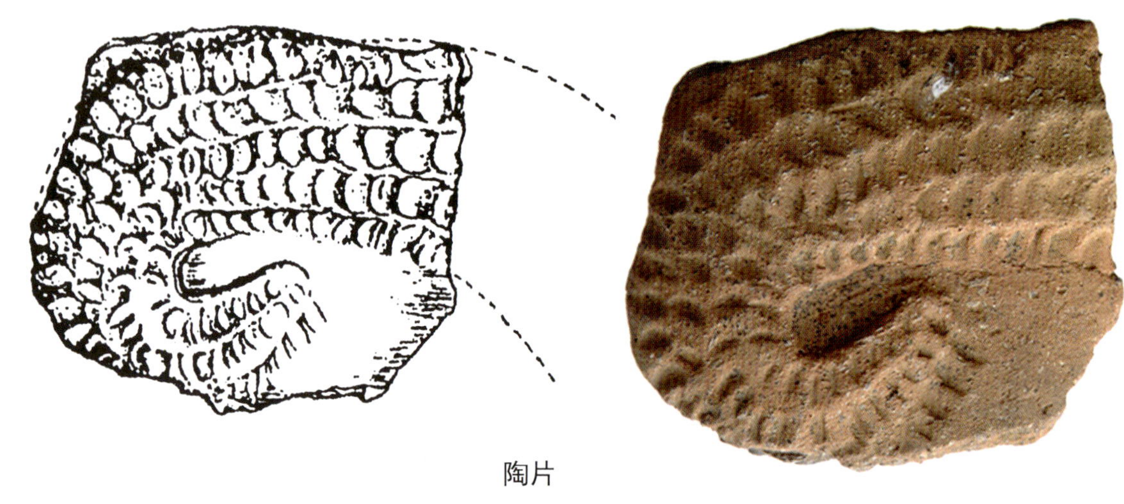

陶片

陶片残长8厘米，宽8厘米，厚0.7厘米。

生殖崇拜见证——蛇衔蟾蜍陶罐

蛇衔蟾蜍陶罐

蛇衔蟾蜍陶罐属于浮雕型蛇和蟾蜍，查海遗址39号房址内出土，为一件斜腹陶罐。标本编号F39:39，夹砂红褐陶，烧制火候不匀，上半部灰褐色斑迹，喇叭形口，薄尖圆唇，斜直腹，平底，外叠宽带沿饰右斜线纹，器身上半部饰窝点纹，下半部浮雕对称动物造像，一侧浮雕为单体蟾蜍，另一侧浮雕为蛇衔蟾蜍，蛇头部位残，下肢处有锔孔。陶罐口径34厘米，底径15.5厘米，高35.6厘米。陶罐虽残，但是罐身底部两侧的蟾蜍和蛇衔蟾蜍图案保存得比较完整。

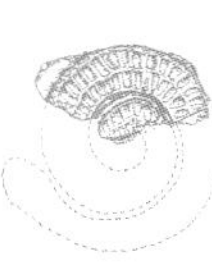

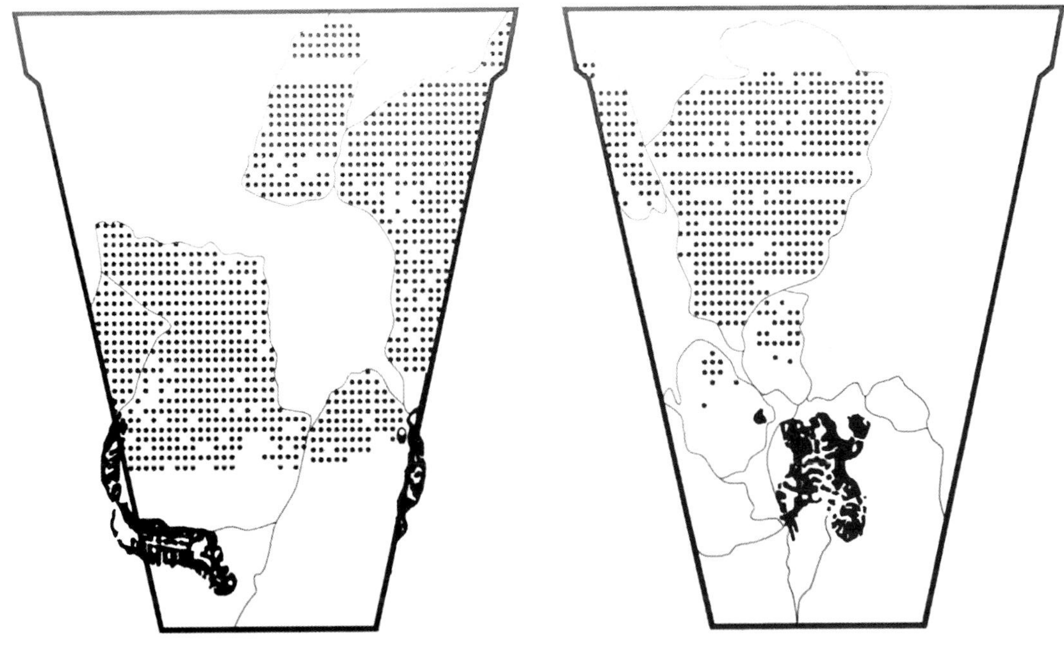

蛇衔蟾蜍陶罐线图

查海先民依据陶罐大小尺寸，以写实的手法，将一侧的单体蟾蜍雕塑成大小与真的一样，尤其是在具体雕塑上，将蟾蜍的几个特点（膨鼓的大肚，四肢张开做爬行的动作）生动地塑造出来，并且采用当时流行的压印窝点纹饰于蟾蜍身上，就像蟾蜍皮肤上的许多疙瘩似的，给人以逼真、栩栩如生的感觉，就像活的一样。

单体蟾蜍拓片

单体蟾蜍体长 9.5 厘米，宽 5.5 厘米。

查海蛇衔蟾蜍浮雕陶罐是男女交合同体形式的生殖崇拜。观察可知，陶罐一侧的蛇衔蟾蜍图案是蛇衔住蟾蜍后腿，以及蟾蜍那种四肢张开，生生欲动，生生若动的形态，寓意男女交合之态。蛇衔蟾蜍的形象实际上是查海时代男女相爱、相交、生育的象征，说明查海先民对于“性”和生育有了基本的认识，已经认识到只有男女交合才能生育、繁衍后代的道理，是当时人们对幸福美好生活的原始向往。

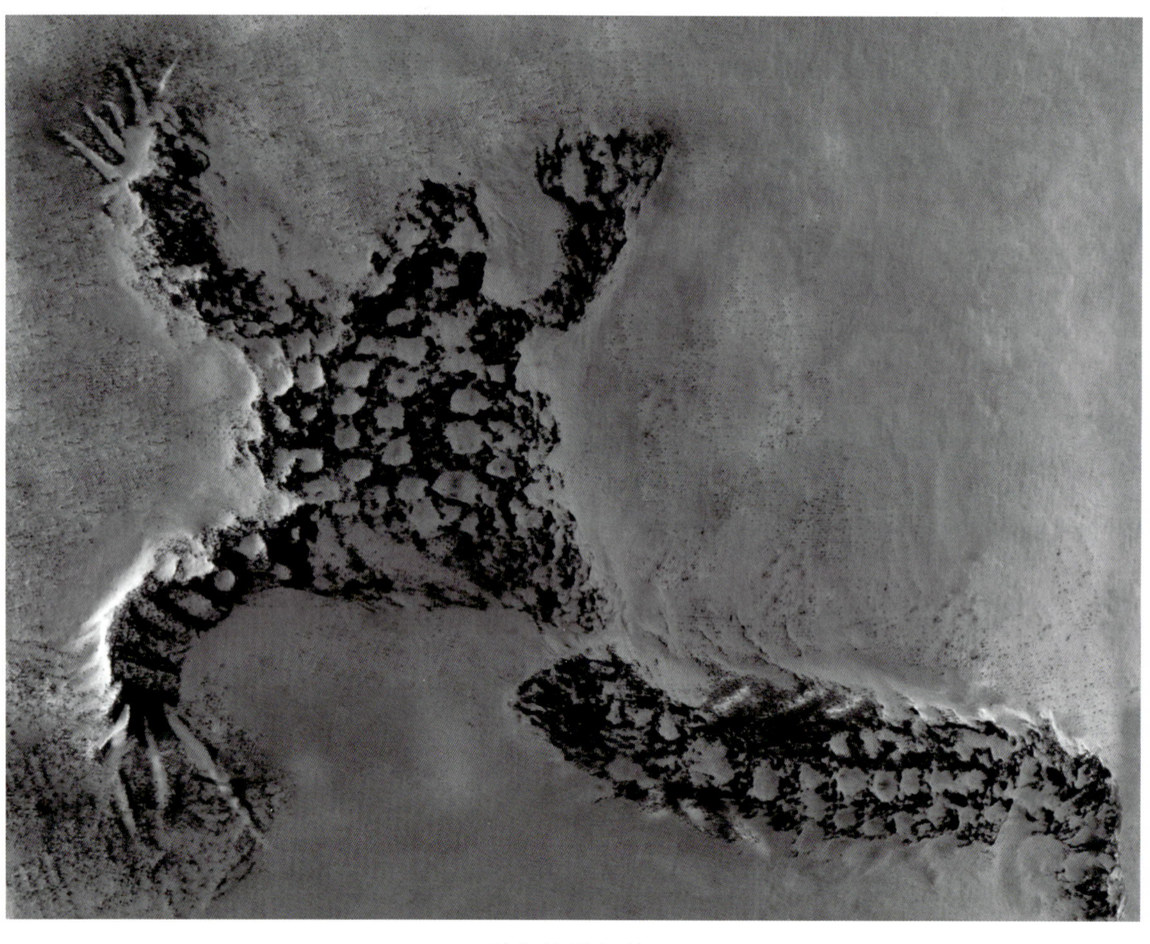

蛇衔蟾蜍拓片

蛇和蟾蜍的长度分别为11厘米和8厘米。

单体蟾蜍相对另一侧雕塑蛇衔蟾蜍形象，显然是依据罐体缩小了动物形象，这一安排甚是巧妙，与整体造型更符合，突出了整体美感。在其具体雕塑表现形象上，蟾蜍四肢张开，做扑状，蛇衔其右下肢，尾部下甩，背鳞用流行的压划短线纹。龙为大蛇，蛇即为小龙。蛇衔蟾蜍陶罐虽残，但是罐身底部两侧的图案保存得比较完整，采用浮雕手法烧制在陶器上。这种饰有蟾蜍及蛇衔蟾蜍浮雕图案的陶罐，目前在我国新石器时代的考古中尚属首次发现。

查海先民对人类起源与诞生以及人类繁衍的问题已经有了深入认识，虽然他们的思维认识在当时的社会条件下不可能得出科学的结论，但这种思考与探索的精神却是难能可贵的，是查海先民对于社会和人类自身各种探索的一种代表成果。查海时代先民由对女性生殖崇拜过渡到男女两性同体生殖崇拜，男女交合行为成为生殖崇拜的形式，充分反映出此时先民生殖崇拜的内容。所以，查海蛇衔蟾蜍浮雕陶罐应是生殖崇拜的神圣之物，其主要功用为：一是当时女性生孩子时所用，或卫生清洗，或婴儿沐浴等带有特殊或专用意义的陶器；二是用于生殖崇拜祭祀礼仪的特殊专用陶器，带有礼的性质。

查海先民渴望种族延续，氏族繁衍，产生了以龙、蛇和蟾蜍为主要形式的生殖崇拜，这种原始思维既是对神秘的生殖现象以及认识超能力的敬畏，又是查海先民的理想、信念及美好愿望。蛇衔蟾蜍陶罐与生活息息相关，作为物质文化与精神文化的载体，以独特的方式传递了8000年前查海社会的人文信息，代表了辽河流域独特的生殖崇拜现象，体现了中国人隐讳、含蓄、内敛的性文化心理，是查海先民留给我们的非常珍贵的原始生殖崇拜见证物。

中华第一龙——龙形堆石

龙形堆石属于摆塑型龙。在查海遗址聚落中央显著位置有一条龙形堆石，位于中心墓区北侧，是在一条横穿过遗址中部宽0.15～0.25米较狭长的基岩脉上，采用当地大小均匀

龙形堆石（西南—东北）

龙形堆石尾部（东南—西北）

龙形堆石头部（西南—东北）

的红褐色天然石块人工堆砌摆放出来的，石块大小为 8 ～ 12 厘米。龙形堆石方向为 215°（指南针上的度数），全长 19.7 米，头部宽约 3.8 米，厚约 0.12 米；颈部宽约 2.85 米，厚 0.38 米；龙身宽约 2.2 米，厚 0.16 米。龙形堆石的龙头、龙颈、龙体、龙鳞、龙尾、龙爪等摆放分明，石块从头到尾排列有序，龙的前身较宽大，石块堆积较多、较厚，身体前部下方石块堆砌出像足又像云雾的衬托物，由头、身体向尾部石块逐渐变薄、变少，尾部更加松散细小。总体上是头向西南，昂头张口，红褐色石块似片片龙鳞，身体呈弯弓状，往尾部渐近变细上翘，摇摆甩向东北方向，若隐若现，给人以巨龙就要腾空

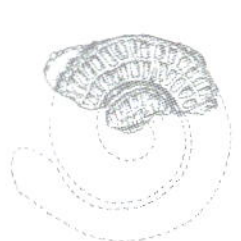

飞舞的态势。龙的形象逼真，栩栩如生，是迄今为止我国新石器时代考古发现的年代最早、形体最大的，堪称“中华第一龙”。

查海文化的龙、蛇和蟾蜍崇拜主掌农业生产，支配人们的精神，作为一种重要思想意识形态，它的典型性和地域性成为新石器时代这一文化现象的代表，生动地表现出中华文明起源的多源性，不仅是辽河流域原始文明的发端，也是我们民族发祥和文化肇端的象征。

查海龙崇拜之源

查海时代，在当时原始社会经济和生产力水平条件下，龙、蛇和蟾蜍崇拜作为查海人们一种重要的思想意识形态，主掌农业生产，支配人们的精神，是与当时的农耕经济发展为前提，原始信仰发达为背景，受农事活动、自然环境和思想条件等诸多因素相互制约、分裂、融合后，经历岁月积淀形成的产物。这是一个相当长的历史阶段，也是人类历史发生的最深刻的变革之一。查海文化龙、蛇和蟾蜍三位一体的龙崇拜充分反映出这一时期的社会变革，是同当时生产力的发展相适应的，是生产力发展的必然结果。

蛇和蟾蜍特殊的生物习性

蛇和蟾蜍是典型的物候标志性动物，都和农业生产有关。查海遗址属于辽河流域旱地农业区，经济活动以农耕种植业为主，新石器时代以来，先民从事农业和畜牧业，对于他们来说，季节的运行是头等重要的事。动物图腾能够给予某些可以说是气象学性质的帮助，民间自古至今流传着蛇和蟾蜍能预知降雨的说法，所以蛇和蟾蜍成为原始先民祈求风调雨顺、农业丰收的精神寄托，并因祈求和敬畏它而产生崇拜心理。

查海聚落的经济条件

查海时代，已经由原始采集、渔猎为主的攫取性经济，过渡到以原始农业和原始畜牧业为主的生产性经济，这种食物革命是人类社会的一个巨大飞跃，这一伟大的社会变革必然会引起原始思维和社会意识的变革。查海时代原始农业是“靠天吃饭”的“雨水”农业，相当脆弱，易受旱、涝、害虫等天灾的侵袭影响。先民祈求风调雨顺，农业丰收，正是基于这种愿望和当时思想意识形态的发展变化，加上先民对自然的理解程度，就创造出了一个掌握操纵雨水的神物——龙。这是一个由模糊到集合的过程，也是龙被塑造、被神化的过程。

查海古地理环境条件

我国是一个地形复杂，气候多变，自然灾害频繁发生的国家，这对古文明的影响尤为突出。从近些年环境考古资料看，气候、地貌、土壤等自然环境在早期人类文化的发展过程中起着重要作用。查海遗址属北温带大陆性季风气候，半干旱地带，受季风气候影响显著，常带来水旱灾害，农业尤其受旱灾影响严重。受当时生产力和社会认识能力的制约，查海先民对很多自然现象无法做出合理解释，人们祈求风调雨顺、农业丰收只能依靠精神寄托，于是控制旱涝的神物——龙开始在人们的思想意识中产生了。可以说，查海文化的龙崇拜是对保佑风调雨顺、农业丰收雨神的崇拜，是被神化人的力量对自然力量的抗争。

查海先民的精神思想条件

查海原始农业定居生活，加大了人们精神和思想的进一步交流，查海遗址墓地的选址、葬式、葬俗和随葬品足以表明人们的精神思想中普遍存在灵魂崇拜、祖先崇拜现象。这一时期人类重要的精神文化生活就是原始宗教，并且占据文化统治地位。查海龙、蛇和蟾蜍崇拜实际上是一种造神过程，是客观对象的被神化与主观世界的被异化。崇拜需要借助艺术形式和审美情感，让崇拜对象龙和蟾蜍更加高大完美，更能满足崇拜者查海先民的心理需求，同时也大大地促进了审美意识在龙崇拜过程中被强化、被升华，后被凝结成今天我们看到的查海文化龙、蛇和蟾蜍崇拜三位一体的独特龙崇拜现象的产生。

查海祭祀场景复原

查海龙崇拜特征

年代最早

我国长江流域、黄河流域考古都发现了史前龙崇拜遗迹或遗物，尤以辽河流域的查海遗址发现的龙形象年代最早，距今约 8000 年。所以，查海龙是迄今为止我国考古发现年代最早的龙形象，不仅是辽河流域原始文明的“龙头”，也是中国博大精深龙文化的发源地。

形体最大

查海龙形堆石长 19.7 米，头部宽约 3.8 米，厚约 0.12 米；颈部宽约 2.85 米，厚 0.38 米；龙身宽约 2.2 米，厚 0.16 米。龙形堆石是查海先民心中崇拜神龙形象在现实中的真实展现，是迄今为止我国新石器时代考古发现年代最早、形体最大的龙形象，被誉称为“中华第一龙”。

1994 年石堆龙发掘现场（东北—西南）

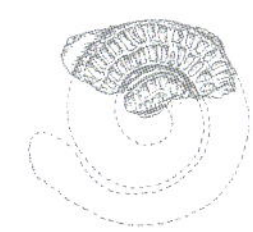

形象最逼真

龙纹陶片饰窝点纹为片状龙鳞，弯曲的尾部和盘旋的龙体，都具备了中国古代龙的特征，给人一种神龙见尾不见首的神秘之感。浮雕的蛇衔蟾蜍陶罐，采用写实的手法，整体造型协调，栩栩如生，突出了蛇衔蟾蜍的深刻寓意。龙形堆石身体呈弯弓状，往尾部渐近变细上翘，摇摆甩向东北方向，若隐若现，给人巨龙就要腾空飞舞的态势，形象逼真，栩栩如生。

神性凸显

综合分析龙形堆石上方最大的46号房址和下方的“中心”墓区、祭祀坑这些重要遗迹，以及从这些遗迹内出土的代表性遗物等，龙形堆石应是查海聚落中重要的崇拜性的祭祀遗迹，应是查海部落在此集会、祭祀的场所，充分体现出以龙的非凡神性为代表的原始宗教观念已经形成。

三位一体特色

查海龙在形象塑造和表现手法上，总类多，题材多，善变化，有堆塑的龙形堆石、刻画的龙纹陶片、浮雕的蛇衔蟾蜍陶罐，充分体现出龙崇拜的多样性和多源性，由此形成三位一体的龙崇拜，正是中华文明多元一体性的充分展现。

超强的震撼力

龙纹陶片和蛇衔蟾蜍陶罐是查海先民在生产、生活中思想感情的表露，这种思想情感、精神祈求等在陶器制作中得以融入、展现，使我们今天能透过这些承载着查海先民辛勤汗水和聪明才智的陶器，还原8000年前查海人日出而作、日落而息的刀耕火种的原始生活。龙形堆石是石块与大地的结合，更是现实与无限遐想的结合，给人极强的视觉冲击力和超强的震撼力，展现了查海先民博大的崇龙情怀。

查海龙文化内涵

查海时代因生产力水平制约，人们的认识水平有限，对很多自然和自身的现象不理解，对世界的依赖、畏惧、疑惑等需要一种“合理”的解释，以回答、解释对未知的困扰。正如费尔巴哈说："自然界是宗教的第一个对象。"查海文化龙崇拜是查海社会结构从蒙昧进化到理性、由野蛮发展到文明的进程，是查海先民精神思想的集中体现，是查海文化重要的内涵之一。

图腾崇拜

龙图腾崇拜是人类新石器时代普遍存在的一个重要的宗教形式，促进了原始社会和人类自身的发展。查海时代原始农耕经济逐渐繁荣，原始意识形态领域也开始显现出新的变化，这样在农业生产和社会生活中渐进产生了与农事有关的龙崇拜，是从"图腾龙"到"崇拜神龙"的转变、融合、过渡、发展、成型时期，并逐渐进入龙崇拜的繁荣时期。查海龙崇拜具有显著的特征，是研究龙图腾内涵重要的实物资料。

生殖崇拜

查海文化的龙、蛇和蟾蜍崇拜，向我们集中展示了辽河流域查海先民独特的生殖文化崇拜现象。查海文化属于新石器时代，当时生产力极其低下，查海原始先民的人口死亡率极高，人的寿命极低，短促的生命自然使妇女的生育时间大大缩短。生育为人类自身生产所必需，在长期的社会发展中，人们认识到只能以增加生育来扩大人类自身的再生产，人口繁衍对于查海氏族的延续与发展是至关重要的。而查海先民们看到的一个基本事实就是人的生产主要是靠女性来承担和完成的，因此，查海人最初的生殖崇拜首先是崇拜女性，将女性神化。崇拜女性自然是崇拜她们的生殖力，让女性充当生殖之神，这一行为延续影响到后来红山文化的女神崇拜。

查海文化的龙、蛇和蟾蜍崇拜是维系当时部落稳定、促进部落发展、协调部落成员间关系的精神纽带，是一种智慧和思想，表达了人们适应自然、改造自然和战胜自然的信心和决心，是人们的精神理想和生活希望。查海龙崇拜蕴含原始人类的思维和艺术创造能力，反映了人类社会从蒙昧、野蛮走向文明的过程，是社会诸多文明的结晶和辽河流域文明的起源。

第五章

保护查海 传承发展

8000年前的查海人为我们留下了大量的文物资源，需要我们科学保护、合理利用，更需要积极推动文物保护成果的创造性转化和创新性利用，使查海遗址博物馆里的文物和遗址本体都活起来，让文物说话，讲好中国优秀传统文化故事，弘扬民族文化，坚定文化自信。

查海遗址保护

查海遗址自1982年被发现后，历经7次发掘，至今已经30余年。这期间国内外专家学者进行了深入研究，使查海丰富的文化内涵更加引人关注，对其的保护和管理工作也受到了各级政府的高度重视。

查海遗址大事记

1982年5月，全国文物普查时发现了查海遗址。

1983年，辽宁省考古研究所对查海遗址进行了复查，提出它是距今7000多年前新石器时代聚落遗址的判断。

1985年9月，我国著名考古学家苏秉琦先生察看了在查海遗址采集的遗物后指出："查海遗址的陶器纹饰将可能解决'之'字纹饰的起源问题，查海文化类型当是红山文化主源之一。"提出了查海遗址是先红山文化的观点。

1986年7月11～26日，辽宁省考古研究所对查海遗址进行了试掘。

1987年、1988年、1990年、1992年、1993年和1994年，辽宁省文物考古研究所对查海遗址进行了6次正式发掘。

1988年12月20日，查海遗址被辽宁省政府公布为"辽宁省第四批省级文物保护单位"。

1991年，阜新市人民政府对查海遗址本体和保护范围进行征地保护。

1991年8月20～21日，阜新市在查海遗址举办了首届玉龙文化节。

1992年，在阜新查海遗址博物馆建馆同期，阜新市政府修建了从国道101线至博物馆3000米的参观旅游专线公路，并于开馆日通车。

1992年9月4日，阜新查海遗址博物馆建成并开馆，同日，阜新市政府举办了第二届玉龙文化节。

1996年11月20日，查海遗址被列为第四批全国重点文物保护单位。

1998年6月16日，辽宁省文化厅组织相关专家，在阜新查海遗址博物馆召开《查海遗址保护区总体规划》论证会。

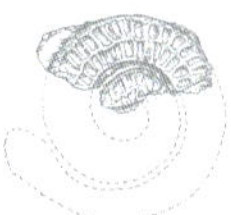

2000年10月，辽宁省人民政府下发《关于公布第五批省级文物保护单位保护范围和建设控制地带》（辽政发〔2000〕39号）的通知，其中确定了查海遗址的保护范围和建设控制地带。

2005年5月，国家文物局对《查海遗址保护规划》进行了批复，原则同意该规划，并提出了必要的补充和修改意见。

2012年，国家文物局正式批准《查海遗址保护规划》，已经通过了辽宁省专家组论证，正待辽宁省人民政府公布和阜新市人民政府实施。

全国重点文物保护单位标志碑

新时代，党和国家对文物事业提出新的任务和要求，强化国家站位，服务大局，发挥文物资源独特优势，促进中华优秀传统文化内涵阐释与传承发展，这为查海遗址的保护与发展明确了目标，即建设成为查海国家考古遗址公园。

阜新查海遗址博物馆外景

阜新查海遗址博物馆

1992年9月4日，阜新查海遗址博物馆建成并开馆，这是在查海遗址发掘取得重大发现的基础上，为了展示和保护查海遗址出土文物而建立的一座专业性遗址博物馆，是查海遗址的展示、保护、管理和研究机构。

阜新查海遗址博物馆建于遗址南侧约50米处，建筑面积877平方米，建筑高11米，框架结构，模仿6个半地穴房址组成，外部为土红色仿树皮纹理的墙体，与自然环境浑然一体。

阜新查海遗址博物馆展览分为馆内基本陈列“查海文化展”和户外遗址本体展示区两大部分。

查海文化展

查海遗址博物馆基本陈列为“查海文化展”，以回归八千年为主线，分别展示了从查海遗址发掘出土的石器、陶器、浮雕龙、玉器等。

回归八千年——全景画厅

全景画为弧形，高9米，周长60米，以全景油画的形式描绘、再现了8000年前查海原始自然风貌和查海先民日出而作、日落而息的原始生活场景。

新石器时代——石器厅

展示查海遗址出土的各种石器工具，主要有敲砸器、石斧、石刀、各式石铲、石磨盘和石磨棒等石器。

全景画

全景画厅

定居农耕——陶器厅

展示查海遗址出土的斜腹罐、直腹罐、陶碗、陶杯和陶纺轮等陶器。

中华第一龙——浮雕龙厅

展示部分遗址出土的鼓腹罐、动物遗骨、植物碳化物等，主要是蛇衔蟾蜍陶罐、龙纹陶片和龙形堆石展示介绍。

世界第一真玉——玉器厅

展示遗址出土的玉斧、玉凿、玉玦、管状珠和玉匕等玉器。

石器厅

陶器厅

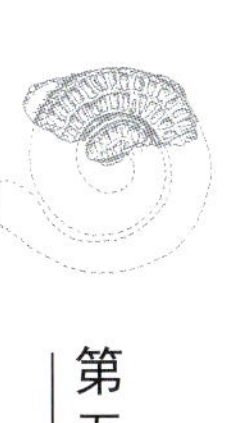

浮雕龙厅

玉器厅

遗址本体展示区

遗址中央是在原址上按原尺寸复制的龙形堆石，发掘的55座房址和龙形堆石下的墓葬、祭祀坑等都已经用沙土回填保护，露天展示它们的基本轮廓，以及遗址余下还未发掘的部分。查海遗址未受干扰，保存较好，基本能反映出8000年前的原始自然风貌，目前保持着1994年最后一次发掘时的原貌。

查海遗址博物馆和查海遗址本体

浪淘沙·查海遗址

李井岩

远古孕查海，
祖宗开源，
辽河流域文明端。
玉龙故乡美名传，
知向谁边？

往事越千年，
谷物成酒，
陶器窖穴有遗篇。
民族复兴中国梦，
美好人间！

新时代阜新精神标识

中华民族有着独特的精神标识，那就是中华民族优秀传统文化积淀而成的精神追求，是中华民族生生不息、发展壮大的丰厚滋养，是中国特色社会主义植根的文化沃土，是当代中国发展的突出优势。阜新历史悠久，文化底蕴深厚，距今约 8000 年的查海遗址就是阜新地区宝贵的历史文化资源，文化价值突出，内涵丰厚。对查海文化在中华文明起源中重要地位的深入研究，可实力构建阜新精神标识体系，坚定文化自信，增强阜新人民的自豪感和凝聚力。

查海遗址作为阜新精神标识，准确地标识阜新文明发端的起航点，清晰地还原阜新优秀传统文化历史印记。习近平总书记特别强调中华民族精神标识，他指出："文化自信，是更基础、更广泛、更深厚的自信。在五千多年文明发展中孕育的中华优秀传统文化，在党和人民伟大斗争中孕育的革命文化和社会主义先进文化，积淀着中华民族最深沉的精神追求，代表着中华民族独特的精神标识。"查海遗址价值突出，内涵丰富，鲜明地再现出阜新先民的文化基因，是展现阜新灿烂文化、悠久历史的实物见证，是阜新精神标识的代表，是培育民族自豪、文化自信、凝聚民族精神的纽带。

查海遗址丰富的文化内涵，是作为阜新精神标识的根本基础。查海文化蕴含的原始思想、人文精神和生活智慧等丰富的传统文化精髓，是民族文化传承和发展的根本，更是民族优秀文化的象征与见证。查海遗址保存完整，内涵丰富，考古发现大量的遗迹和遗物等实物资料，它的聚落特征、经济形态、意识形态和道德精髓是优秀传统文化的代表，之中蕴含的龙文化、玉文化和酒文化拓展了查海文化研究空间，这 3 种优秀的传统文化自起源便相伴相生中国传统文化数千年，一直影响至今，是中华民族文明起源的重要标志。

对查海遗址的深入研究和阐释，是作为阜新精神标识的现实任务。在新形势下对查海遗址优秀文物资源的研究和利用，拥抱新时代，践行新思想，实现新作为，是找准历史和现实的结合点，寻根溯源萃取查海文化精华，以优秀的文物价值来坚定民族文化自信。紧跟时代，服务大局，坚持主动研究，创新实践，赋予查海文化新的时代内涵和现代表达方式，让文物说话，使被收藏在博物馆里的文物和陈列在大地上的查海遗址都活起来。珍藏查海记忆，守住民族之魂，留住文化根脉，是查海遗址成为阜新精神标识的现实任务，更是中华文明传承发展的内在动力。

保护传承好查海文化，是将查海遗址作为阜新精神标识的根本保障。查海遗址的保护工作要贯彻保护为主、抢救第一、合理利用、加强管理的方针，要从坚定文化自信、传承中华文明、实现中华民族伟大复兴中国梦的战略高度，提高对查海遗址保护利用重要性的认识，增强责任感、使命感和紧迫感，用时代气息为查海遗址赋予新生命。查海遗址不只是历史的沉淀、岁月的酝酿，更是寄托着文化血脉的传承，保护好查海遗址这一宝贵的历史文化资源，展现其独特的文化魅力，功在当代，利在千秋。

查海文化融入现代生活，是将查海遗址作为阜新精神标识的主要目标。查海遗址是重要的文物资源，承载历史文明，维系民族精神，延续民族血脉，是祖先留下的宝贵文化遗产。保护和利用好查海遗址这一宝贵的历史文化资源，使查海文化博大精深的文化内涵融入现代生活，展示其独特的文化魅力，让查海遗址保护利用成果惠及人民群众，更好地满足人民精神文化生活新期待，增强民族文化自信，着力构建阜新文化底蕴，形成阜新特色文化体系、学术体系和话语体系，为阜新文化繁荣和经济发展服务。

我们要将优秀查海文化代表的阜新精神标识，置于人类共有精神财富的坐标中，阐述其具有的世界普遍文化意义。习近平总书记强调："文化是一个国家、一个民族的灵魂。文化兴国运兴，文化强民族强，没有高度的文化自信，没有文化的繁荣兴盛，就没有中华民族伟大复兴。"一个国家和民族，要对自身文化传统、文化价值充满自信，阜新优秀的查海文化就是阜新人民文化自信的充分理由和充足底气。深入发掘研究查海遗址聚落形态、经济形态、意识形态和审美形态的内涵和意义，彰显查海以龙文化、玉文化和酒文化为特征的文化内涵，是中华民族优秀传统文化的代表，确立了查海文化在辽河文明起源中文明发端的地位，开启了中华民族文明之源。

查海智慧光芒穿透历史，文化价值跨越时空，历久弥新，是新时代阜新的精神标识。